博雅传记

写给青少年的
希腊罗马名人传

〔古罗马〕普鲁塔克
〔英〕F. J. 古尔德 / 著

PLUTARCH & F. J. GOULD

贾辰阳 / 译

北京大学出版社
PEKING UNIVERSITY PRESS

图书在版编目（CIP）数据

写给青少年的希腊罗马名人传／（古罗马）普鲁塔克，（英）F. J. 古尔德著；贾辰阳译 . —北京：北京大学出版社，2020.2

（博雅传记）

ISBN 978-7-301-31005-2

Ⅰ.①写… Ⅱ.①普… ②F… ③贾… Ⅲ.①名人—列传—古希腊—青少年读物②名人—列传—古罗马—青少年读物 Ⅳ.①K835.450.2-49②K835.460.2-49

中国版本图书馆 CIP 数据核字（2020）第 002417 号

书　　　名	写给青少年的希腊罗马名人传 XIEGEI QINGSHAONIAN DE XILA LUOMA MINGRENZHUAN
著作责任者	〔古罗马〕普鲁塔克　〔英〕F. J. 古尔德 著　贾辰阳 译
责 任 编 辑	吴　敏
标 准 书 号	ISBN 978-7-301-31005-2
出 版 发 行	北京大学出版社
地　　　址	北京市海淀区成府路 205 号　100871
网　　　址	http://www.pup.cn　新浪微博：@北京大学出版社
电 子 信 箱	zyjy@pup.cn
电　　　话	邮购部 010-62752015　发行部 010-62750672 编辑部 010-62757065
印 刷 者	北京中科印刷有限公司
经 销 者	新华书店
	880 毫米×1230 毫米　A5　10.875 印张　205 千字 2020 年 2 月第 1 版　2022 年 8 月第 2 次印刷
定　　　价	66.00 元

未经许可，不得以任何方式复制或抄袭本书之部分或全部内容。
版权所有，翻版必究
举报电话：010-62752024　电子信箱：fd@pup.pku.edu.cn
图书如有印装质量问题，请与出版部联系，电话：010-62756370

目　录

希腊名人传

导　读 / 3
前　言 / 7
普鲁塔克小传 / 9
斯巴达的勇士：莱库古斯 / 11
雅典的智者：梭伦 / 17
正义之人：亚里士泰德 / 23
雅典的救星：地米斯托克利 / 29
海军元帅：西蒙 / 35
美化雅典的人：伯里克利 / 41
三种力量：莱桑德 / 47
多面人：亚西比德 / 53
古波斯国王：阿尔塔薛西斯 / 59
瘸子国王：阿杰西劳斯 / 65
烈士国王：亚吉斯 / 71
英勇的底比斯救星：佩洛皮达斯 / 77
叙拉古的弑君者：迪昂 / 83

西西里的拯救者：泰摩利昂 / 95
雅典演说家：狄摩西尼 / 101
征服者：亚历山大 / 107
城邦的忠良：福基翁 / 119
马其顿之王：德米特留斯 / 125
亚该亚同盟的统帅：亚拉图 / 131
征战的伊庇鲁斯国王：皮洛士 / 137
最后的希腊人：菲洛皮门 / 145

德目索引 / 151

罗马名人传

导　读 / 159

罗马城创建者：罗慕路斯兄弟 / 165
古罗马国王：努马 / 173
为罗马人甘受苦难：布鲁图斯和穆蒂乌斯 / 181
女性拯救罗马：科里奥兰纳斯母子 / 189
罗马城的重建者：卡米卢斯 / 199
拖垮汉尼拔的将军：费边 / 207
不气馁的罗马人：马塞卢斯 / 215
凯旋者：保卢斯 / 223
严厉的复古派：加图 / 231
格拉古兄弟：提比略与盖乌斯 / 237
嗜血的平民将军：马略 / 245
红脸的贵族独裁者：苏拉 / 253

罗马首富：克拉苏 / 259
豪奢的军事天才：卢库勒斯 / 267
西班牙总督：塞多留 / 275
海盗的克星：庞培 / 283
老加图的曾孙：小加图 / 291
恺撒和他的命运 / 297
罗马的哲学家：西塞罗 / 317
恺撒的朋友和敌人：布鲁图斯 / 323
大力神：安东尼 / 329

德目索引 / 337

希腊名人传

导　读

古尔德先生以普鲁塔克（Plutarch）的伟大著作为底本，改写出一本适合青少年阅读的小书，能够为此书作序，我倍感荣幸。古尔德的工作完成得非常出色，既尊重原著，又保有信念，经得起任何研究和批评的考验。到目前为止，学者们的研究给予我们很多有关希腊和罗马的知识，并且，对于英国人而言，普鲁塔克的希腊罗马已经变成了莎士比亚和戈德史密斯（Goldsmith）的希腊罗马。虽然如此，希腊和罗马将永远是全世界人的，而人类的"心灵之城"就是这两个国家的首都。古尔德的讲述简洁、明晰而且十分睿智，阅读这些妙趣横生的故事，我再一次体会到了意大利诗人阿尔菲耶里（Alfieri）曾有的那种兴奋和激动，他饱含狂热之情写道："这本让我在幸福和狂喜中度过美好时光的众书之书，就是普鲁塔克的《希腊罗马名人传》；其中的一些伟人，比如泰摩利昂（Timoleon）、恺撒（Caesar）、布鲁图斯（Brutus）、佩洛皮达斯（Pelopidas）和加图（Cato）等，我反复阅读多次，都禁不住流泪、愤怒或是大叫，如果有人在隔壁房间听见的话，一定会认为我疯了。"

我并不希望读者也带着同样的狂热去阅读本书中这些感人的故事，即便他们在未来开始阅读普鲁塔克本人著述时也不必如此狂热，但我的确希望他们会因此书而迫不及待地去阅读普鲁塔克。从普鲁塔克的原著中，读者获取的有关希腊罗马人普通生活的知识，会超出本书，并且我们也能看到这两个民族之间的区别。因为普鲁塔克先讲述一个著名希腊人的生平，接着是一个著名罗马人的生平，而后将二者进行对比。不过古尔德将希腊人和罗马人分开来，我认为这是正确的，因为否则的话，不了解历史的孩子会理解混乱，也搞不明白希腊人与相比较的那位罗马人之间相隔有多长的历史。我也很欣赏古尔德对待历史事件时的那种温和公正的态度，无论是对于创造历史的人还是在历史中遭受苦难的人，古尔德都谨防读者在名人的光辉之下头晕目眩，以至于分不清是非善恶。他不时会提到那些悖逆人性的可怕而又残酷的罪行，即奴隶制，整个古代世界的辉煌和荣耀都奠基于此。但是，就我所知，古尔德并没有阐明奴隶的来源：要么是战争中被俘虏的人，要么是来到希腊的温和的异邦人，由于缺乏友好公民的保护，他们被卖为终身的奴隶，财产和自由被洗劫一空，得到的待遇与牲畜无异。我提及这一事实，并不是为了败坏孩子们的阅读兴致，这些无私的希腊人的确为自己的同胞和祖国创下了丰功伟业，我只是想让孩子们理解人类是如何奇怪地混搭在一起的，一些人为了国家的事业而成为烈士和英雄，他们作为主人而生活，而另一些人却被剥夺了国籍和自由，甚至无权拥有自己的生命和躯体。

这部光辉的著作不乏富有自我牺牲精神的高尚典范，我想让阅读此书的孩子们明白：虽然斯巴达人残忍地奴役了希洛人，他们依然是英勇无畏的自由捍卫者；那些为母邦而战死的雅典人，虽然拒绝给予不幸的异邦兄弟以友爱和恩惠，却依然是忠诚于城邦的人。就奴隶制来看，希腊人是野蛮人，恰如希伯来人也曾买卖他们的同胞。

还有一点被古尔德所忽视：斯巴达人在战争中之所以所向披靡，雅典人在和平中之所以光芒万丈，原因何在？这是因为，像其他所有的希腊人一样，他们是共和主义者。任何其他形式的政府都不可能造就他们这样的爱国者；共和使得他们感觉到自己与国家休戚相关——国就是家。在君主制的政府之下，人民是国王的臣民而不是国家的公民，爱国者的信条是：国王和国家，国王至上。但是在共和制之下，自始至终是国家至上，永远不会出现总统或首相与国家并驾齐驱的情形，无论他们是多么善良、多么伟大。即便在我们的母邦英国，那里的人们可以自由地思考、发言和写作，甚至可以信口评说自己的君主。但是，人们呼喊的依然是国王和国家，人们仍旧生活在迷信之中：国王无论如何也是神圣的，或者是不同凡俗的。他们嘴上不承认这一点，生活中却在践行；但是在古希腊，自由的希腊人绝无这样的迷信。他们之所以伟大，因为他们是民主共和主义者，就像今天的美国人、法国人和瑞士人一样；我希望孩子们牢记这一点。在马其顿人征服了真正的希腊人，罗马落入了暴君（这些暴君正是罗马的财富、奢华和野心所造就的）之手后，完全是换了人间，普鲁塔克颂扬的绝不是此时的希腊人或罗马人。

W. D. 霍尔维斯

前　言

我认为在讲述正义、政府和政治进步之类观念之前，先进行一下热身会有助于在孩子们的天性中培养出对于确定的历史运动的共情之心。以这种共情为基础，孩子们能够更好地建立起社会正义、公民演进和国际关系之类的概念。对于达成这一目标而言，我想不到还有什么材料能够比普鲁塔克令人敬重的传记著作更为合适；虽然本国历史或者西欧历史毫无疑问也是可以使用的。然而，西方历史传统起源于希腊罗马，我认为更具优势的材料，应该不仅能够提供政治意义的简明教导，同时也要在文学经典中占有一席之地。我的作品是为青少年改写的，此后就可鼓励他们直接阅读普鲁塔克的著作，他的作品充满了智慧和勇气，并让人心情怡悦。书后的德目索引是为教师设计的，教师会在道德讲堂上引述事例，这已经是普通的学校教育中的常见做法了。瓦尔特·科瑞恩（Walter Crane）先生优美的画作所代表的精神，就是我从普鲁塔克的宝库中选取题材的精神。

F. J. 古尔德

普鲁塔克以《希腊罗马名人传》闻名于世

普鲁塔克小传

本书作者普鲁塔克是著名的教育家和哲学家,约公元46年生于比奥西亚的克罗尼亚。父母家财颇丰,使得他能够在雅典接受良好的教育,尤其是在哲学方面。在四处游历之后,他长期定居于罗马城,在那里讲授哲学,与社会名流广泛交往,并在未来罗马皇帝哈德良(Hadrian)的教育中扮演了举足轻重的角色。皇帝图拉真(Trajan)授予他执政官的职衔,哈德良任命他为希腊的财政官。大约公元120年,普鲁塔克在故乡克罗尼亚城去世,他曾是雅典的执政官和阿波罗德尔斐神庙的祭司。

除了他最著名的作品《平行列传》,即大家所熟悉的《名人传》之外,他还著有83篇内容各异的文章。《名人传》或许在罗马时期已经准备好了素材,在克罗尼亚时期才得以完成和流布,此书的目的在于研究性格,书中栩栩如生的心理和道德素描,至今依然是一股鲜活的力量。在了解那个时代和历史人物方面,这部伟大的著作为我们填补了很多空白。

莱库古斯是斯巴达人的教师和立法者,相当于犹太人的摩西

斯巴达的勇士：莱库古斯

山上的要塞被敌人团团包围，首领索奥斯（Sous）向众人建议投降，大家表示同意。于是他站在墙头向敌军喊话：

"如果你们答应一个条件，我们就俯首称臣。我们缺水多日，口渴难忍。让我们的士兵到你们驻营的河流旁去喝口水，然后全部土地都是你们的了！"

敌军答应了这一请求。但索奥斯首先将士兵召集在一起，问他们有谁愿意忍着不喝水，结果，没有一个人愿意。他们走出要塞之后，所有人都朝河流奔去，只有索奥斯坚持不喝，虽然他的喉咙焦渴如沙漠。他只是撩起一些水洒在脸上，然后召集士兵出发，并对敌人说道："土地仍然是我们的土地，因为我们之中有人拒绝喝水。连一滴水都没有进他的嗓门。"

按照今天的观点来看，这当然是狡猾和诡诈；但古希腊人和其他民族都认为这种手腕是正当的，尤其是为了国家而行诡诈的时候；你也知道，索奥斯是希望从异族人手中挽救自己的国家。

首领索奥斯是斯巴达人，而斯巴达是希腊南部的一片山脉连绵之地，沿岸的悬崖俯视着蔚蓝色的地中海。主城斯巴达周围没有护城墙，公民的英勇才是真正的防卫。索奥斯是第一个想到抓捕斯巴达城沿海居民的人，并将他们作为奴隶。奴隶是希洛人，而在战争或围歼中获得的其他俘虏也被称为希洛（Helots）。在街头，你可以通过衣着分辨出谁是奴隶。他们戴着狗皮帽子，穿着羊皮外套，此外没有其他的衣服，据说每天都要光着背让主人鞭挞，此举的目的是让他们保持谦卑。有时候，斯巴达人会给奴隶烈酒喝，在他们酩酊大醉之后，就把他们领到青年人面前，让大家瞧瞧醉鬼是多么猥琐和不堪。若是没有这些奴隶的帮助，斯巴达人将一筹莫展，因为厨师、农民、搬运工和奴婢全都是希洛。让我欣慰的是，希洛不能够被买卖，在向主人缴纳一定的粮油和酒之后，他们可以拥有土地上的收成。

索奥斯的后代中出现了一位名人，即大约公元前825年的莱库古斯（Lycurgus），他是斯巴达人的教师和立法者，相当于犹太人的摩西。莱库古斯立志要给斯巴达人最好的法律；但他清楚，统治人类要比统治山羊更难，甚至比统治豺狼和狮子更难，因此他游历四方，了解所有的民族及其风尚。他去过西班牙和埃及，甚至有人说他去过印度。

回到斯巴达后，他被奉为立法者；他首先做的一件事情是将土地平分为4万份，每份都刚好能够供给一家人的粮油和饮酒的需求。在收获的季节，他散步于田间，见到分配好的每块土地上都堆放着金黄色的玉米，想到所有公民都得到了公正的待遇、家给人足，就禁不住绽放出了笑容。金银完全用不着；钱只是简单的铁币，价值30英镑的铁币能够填满一个房间，若是装上车的话，需要两头强壮的水牛来拉；由于聚敛财富并不轻松，所以成为富豪绝非易事。

他们的桌椅和床都是木质的，并且制作工艺简单，没有镀金和昂贵的坐垫；房门和天花板也是木质的，锯得很粗糙，从不打磨。莱库古斯不允许人们在家享受佳肴；所有人都要到公共餐桌前，与众人一起进午餐和晚餐。每张餐桌能容纳大约15人，每人每月都要向公共仓库上缴一定量的面粉、酒、乳酪和无花果，以及少量铁币用来买鱼或肉。他们最喜欢吃的食物是一种黑色的肉粥。在餐桌前，小孩与老年人坐在一起，人们可以随心畅聊并相互开玩笑，只要玩笑不愚蠢或下流。即便玩笑是针对某个人，他也要做善意理解，因为斯巴达人认为，一个勇敢的人不仅要在战斗中保持刚毅，也要在嘲讽声中泰然任之。

男孩子的头发剪得很短，赤脚行走，身上衣服也穿得很少。他们按照军事团组，在一起集体休息，睡觉的床是芦苇编织的，这些芦苇则是孩子们在河岸边亲手拔出的。冬天的时候，他们可以把温暖的蓟花冠毛铺在芦苇上。孩子们参加赛跑、拳击或摔跤的时候，老年人则在一旁观看。晚饭时，他们可以唱歌或谈笑，但辞约而义丰的孩子，最受大家的赞赏。斯巴达人的谈话风格是"简洁型"的，简短而且睿智。

比如，一个傻瓜问斯巴达人道："谁是斯巴达最优秀的人呢？"得到的回答是："最不像你的那一位。"

有人询问斯巴达国到底有多少人，斯巴达人回答说："足以让坏人胆寒。"

斯巴达的孩子非常勇敢，他们忍受疼痛却不会呼喊。一次，一个孩子抓到一只小狐狸并将之藏到了外套里。当他坐着进午餐的时候，小狐狸开始使劲咬他，但他一声不吭；直到同伴看到鲜血滴落下来，他们才发现这个勇敢的孩子在忍受着怎样的剧痛。女孩子也参加运动，跑步、摔跤、投掷铁环和标枪；因为她们乐意将身体锻炼得健康而又强壮，这样会成为更幸福的母亲。当孩子奔赴战场的时候，一位斯巴达母亲会送给他一张盾牌，并且说："要么扛着它回来，要么枕着它回来。"意思是说："你必须把仗打好，作为一名勇士携着盾牌归来，要么，就作为一名死去的勇士，躺在盾牌上被抬回来，万不可成为敌人的俘虏。"

斯巴达人为了让所有的公民都体格健壮，他们将孱弱和染疾的婴儿丢弃在幽深的山谷之中，任其自生自灭。在很小的时候，孩子们经常会被带到缺少光亮的所在，目的是让他们习惯幽暗并毫无畏惧地穿越黑暗。因此，斯巴达人在战斗中非常勇敢；当是否要为斯巴达修筑护城墙的问题出现时，有一个人的回答让大家心悦诚服，他说："人筑的墙比砖筑的墙更坚固。"虽然年轻人强壮而又好战，他们对老年人却恭敬有加，如果一名体弱的老年人来到会场，他们会即刻起身，为他让出一个舒适的座位。

一些富裕的人不喜欢莱库古斯为他们制定的严苛的生活方式。一天，一群愤怒的人对他发起攻击，他被迫躲进庙中。一个名叫阿尔坎德（Alcander）的年轻人参加了暴乱，他觉得为推翻暴君而贡献力量是件好事，就拿着一根棍子捅向了这位立法者的眼睛。莱库古斯停下脚步，带着满脸的鲜血直面赶来的人群，大家感到羞愧难当，反而将阿尔坎德抓了起来，将他带到莱库古斯面前，任由其发落。

莱库古斯将阿尔坎德带回自己家里，这位年轻人也认为自己会因为所犯的错误而受到严惩。但莱库古斯只是命阿尔坎德做家仆而已，在他工作或吃饭的时候伺候他，帮他拿东西；好几天过去了，这位斯巴达的首领并没有对阿尔坎德说任何难听的话，更没有衔怨在心。当阿尔坎德最终得以回家之后，他告诉朋友们自己受到了宽厚的对待，莱库古斯人格高尚；就这样，莱库古斯成功地化敌为友。

莱库古斯年事已高时，下决心要离开斯巴达。他召集众人并对他们说道：

"朋友们，我要去伟大的阿波罗神庙，与神交谈并倾听他的告谕。在我离开之前，我希望你们向我承诺，无论是国王还是市民，都要忠实遵行我所制定的律法，在我返回之前，不可更改一条。"

人们都说:"我们承诺。"

8 　　莱库古斯向他的朋友和儿子告别,来到了德尔斐的阿波罗神庙,神告诉他说,他为斯巴达人制定的律法是良善的和有益的。这位立法者想,如果他从此不再踏足故土,那么,律法就能够永远得以保全。因此,为了他深爱的祖国,他客死异乡。他具体亡故于何处,说法不一。有人说他死在克里特岛,当这位立法者奄奄一息之时,他请求身边的人将他火葬,并把骨灰撒向大海。这样做的话,他的灰烬就随着海浪四处飘荡,永远也不会再回到斯巴达。

雅典的智者：梭伦

雅典城的市场上一片喧闹之声。

"他真的疯了吗？"有人问道。

"是呀，你自己来看看。看他现在的样子；他跳到宣令石之上；还戴着一顶帽子！可怜的梭伦；脑袋怎么坏成了这样！听，他开始说话了。"

雅典公民聚拢在宣令石旁，听梭伦说话。依照习俗，只有病人才戴帽子，梭伦的怪异装束使得人们轻易相信了他发疯的传言。他吟诵了一首自己写好的诗，张口说道：

> 诸位静听
> 我来自萨拉米
> 是要将你们的过错展示

梭伦生于公元前638年，死于公元前558年。

萨拉米是雅典西部海洋中的一座山势突兀的小岛。此岛由麦加拉人持有，是以武力夺取的；梭伦激发了雅典人的斗志，市民推举他为元帅去光复萨拉米。梭伦使用了诡计：他让一群年轻人穿上宽松的长袍来假扮妇女；并传消息给岛上的麦加拉士兵，说他们有机会虏获雅典的贵妇！麦加拉人不知道这个消息是梭伦设置的陷阱，就匆匆上船，并在雅典海岸登陆，他们看到一群妇女在进行节日舞蹈。一声呼啸，便冲上前去，让他们始料未及的是，这些所谓的贵妇抽出宝剑进行英勇抵抗。最终麦加拉人无一生还，梭伦随即占领了萨拉米。在古代战争史中，你会见到很多此类的诡诈故事；我想，恐怕即便是今天的人们也会毫不犹豫地欺骗敌人，并认为这样做无甚不妥。

另外一例欺诈事件并没有让雅典人感到宽心。对于何为管理国家的最好办法，人们分为两派，互不相让，争吵不休；有人在冲突中挨了打，跑到雅典娜神庙中寻求庇护。依照当时的习俗，只要他们处于女神的保护之下，谁都不能碰他们一根指头。对立党派的人来到了庙门前说道：

"出来吧，诚实的人，我们到市政官面前，让他们来裁判你有罪还是无辜。"

"我们不敢出去，你们会杀死我们。"

"只要你们在雅典娜女神的保护之下，我们绝不会动手；我们给你们一根长绳，足够从这里扯到法庭之上，只要你们拉着这根绳子，我们就当你们仍处在雅典娜的护佑之下。"

于是这些藏身神庙中的人把绳子系在雅典娜的祭坛之上，拉着绳子，朝着市政官所在之处走去。但也许是出于事故，也许是有人作祟，绳子在中途断了。敌对方扑上前去，杀死了他们。雅典人认为这是邪恶的谋杀，事后，当梭伦成为城邦立法者和首席统治者的时候，所有参与此事的人都被他流放了。

很多公民希望梭伦戴上王冠。他们认为梭伦是个信守公正且富有智慧的人，做国王也会公允圣明。但梭伦对王位毫不动心；他竭尽所能治理雅典，却从未贪求王冠的荣耀或宫殿的辉煌。他发现雅典人处于分裂状态。首先是山区的农民，辛苦而又贫穷，总是欠着放债者的钱；其次是沿海居民，不穷也不富；第三是平原地区的显贵，他们拥有丰饶的土地和果园，也大权在握。贫民希望从梭伦那里得到帮助，盼着梭伦免去他们的债务，并夺走显贵的大部分土地，以便在人民中间普遍分配，就像在斯巴达那样。梭伦的确免去了他们的债务，他宣布所有的债务都应作废，这样农民才可以重启全新的生活。不仅如此，他禁止任何人抓捕负债人并将其投入监狱。当时已经形成风气，人们对待欠债人，俨然像是对待坏人。梭伦听说一些雅典人害怕因债务而被投入监狱，就逃到了他国异乡，他派人接这些人回国。所有被监押的负债人也都被释放。可以肯定，那些贫穷无计的人们无不欢欣鼓舞，他们期待着梭伦进一步分配土地。但梭伦并没有这么做，他认为这会使整个国家陷入混乱。由于这一点，曾经对他赞赏有加的人，转而恶语相向。但大部分公民都很尊重梭伦，因为人们看到他的所作所为，都是为了公民的福利。

此前的立法者叫德拉古（Draco），他统治雅典的手法过于严苛，一个人从花园偷几根香草也会被处以死刑。以至于人们说，他的律法不是用墨写的，而是用血写的。梭伦则将很多恶法废除。

他将公民（奴隶除外）分为四个等级：第一等级的人年收入谷物500蒲式耳①。他们必须作为骑兵在军队中服役，也有投票选举的权利。第二等级的人年收入谷物300蒲式耳。他们也要作为骑兵在军中服役，同时也可以参与投票选举。第三等级的人年收入谷物150蒲式耳。他们作为步兵在军中服役，可以参加投票选举。第四等级的人拿工资。他们可以当步兵，但要领取薪水，而前三个等级的人当兵是没有薪水的。他们也没有投票权，但可以在公共场合参与聚会，当统治者提议做某些事情的时候，他们可以高呼"可"或"否"。

梭伦成立了400人的参议群体来管理雅典城。今天，我们称之为"议会"。

他立法规定，人只要去世，就不能再继续攻讦他。

他立法禁止人们在葬礼方面挥霍钱财。比如，不能用牛作牺牲，陪葬的衣服也不能超过三件以上。

他立法规定，谁都没有义务赡养年迈的父亲，除非是父亲曾经教给了孩子某种有用的营生。梭伦认为，这可以引导那些当父亲的人在教孩子谋生之道方面更为细心。

---

① 英美制容量单位（计量干散颗料用）。英制1蒲式耳合36.37升，美制1蒲式耳合35.24升。

他立法禁止人们在距离邻居花园五步之内的地方种树，免得树根延展，以至于把邻家土地的养分给吸走了。

他立法规定，不得在邻居蜂房的300步之内养蜜蜂。

他立法规定，咬人的狗必须要拴在重木桩上。

多年来他四处游历，从不同民族中广泛学习。他听说过很多故事，其中一个讲到，遥远的大西洋中曾有一片乐土。这片土地叫亚特兰蒂斯，风景优美，宫门巍峨，人民幸福。为了博雅典人欢心，梭伦就此还写过一首诗。他颇为长寿，去世时受到了人民的哀悼。

临到梭伦的传记结束的时候，我要讲一个梭伦拜会世上最富有的人的故事，此人是吕底亚国王克罗索斯（Croesus）。

梭伦居住的房屋十分简陋，穿着也很简朴。当他到了克罗索斯的宫殿时，看到贵族进进出出，衣着华丽，让他觉得任何一个都有可能是国王；并且每一个贵族身后都有一帮随从。当这个雅典人终于走到了国王居处之时，他看到国王端坐在堂皇的王座上，上面装点着光耀夺目的珠宝，精致的地毯铺在地上，珍贵的大理石柱撑起了屋顶，四壁都是金银装饰。看到这些，梭伦并没有欢喜。他认为这过于花哨和显摆了，不值得赞叹。为了让梭伦为之眩目，国王带他去看藏宝室，那里搜集了世界上最珍贵的物件。

"你见过比我还要幸福的人吗？"国王问道。

"见过。"

"他是谁?"

"雅典一位名叫提拉斯(Tellus)的普通人。他与爱着他的妻子和儿女住在一个贫穷的小村庄。虽然贫穷,但他什么也不缺。他为国家而战死,至今邻居中间还流传着他的传说。"

"还有其他人比我幸福吗?"

"有。"

"还有?他是谁,求你告诉我。"

"是一对亲兄弟,在表达了对老母亲的深爱之后,同时去世。母亲决意要参加村庄庙会的宴席,准备出发时发现,给她拉车的耕牛正在很远的地方耕作,无法及时带回来。她的两个儿子,为了不让母亲失望,就把自己当做耕牛套在了车上,拉着母亲,在村民的欢呼声中来到了庙门前。他们吃了宴席,气氛友好而又欢快,当晚兄弟二人就去世了;所有的人都怀念他们。你知道的,国王,若非了解一个人从生到死的历程,我无法判定他幸福与否。"

后来,波斯大军入侵吕底亚。克罗索斯成为阶下囚,波斯国王居鲁士(Cyrus)命令将他放在柴堆上烧死。

当这个不幸的国王躺在柴堆上时,他高喊:"梭伦!梭伦!哦!梭伦!"

国王命人暂停点燃柴堆,他让克罗索斯解释因何呼喊"梭伦";克罗索斯就讲述了这个故事。居鲁士沉吟片刻,命人释放了克罗索斯,目的是让他过一种更值得敬重的生活,他将不再是国王,因为那并不能使他幸福。

正义之人：亚里士泰德

法庭之上，法官面前站着两个人，一人指责另一人害苦了自己。控诉人名叫亚里士泰德（Aristides）。

"我们已经听了你的陈述，亚里士泰德。"法官说道，"我们相信你的话，决定惩罚此人。"

"不！不！稍等一下！"亚里士泰德喊道。

"为什么呢？"

"总得允许他为自己申辩几句吧。他虽然是我的对头，我也希望他受到公正的对待。"

因为他对人总是诚实而又公正，雅典人称他为"正义的亚里士泰德"。

公元前490年，当波斯大军向着雅典进发的时候，雅典人在马拉松列阵迎敌。以1万人对抗12倍于己的波斯军队！但雅典人拥有的不仅是刀剑、梭镖和匕首——他们还拥有保护家国和反抗波斯之暴虐的勇气。希腊人选了不止一位统帅，每日轮流指挥作战。当轮到亚里士泰德指挥的时候，他让贤给一位更优秀的将领，让其替代自己，因为亚里士泰德考虑更多的是雅典的兴衰，而不是个人的荣辱；结果这一战，希腊人大获全胜。

战役接近尾声，波斯人仓皇逃遁，有很多军需品被丢弃在身后——帐篷、衣物、金银等——希腊人在追歼敌军的时候让亚里士泰德负责看管所有的战利品；大家相信他的诚实，知道他肯定会将俘获物品与众人分享，而不会私自侵吞。他的行为与那个被唤作"火炬手"的雅典人相比，有着天壤之别。在战斗结束时，一个波斯人躲在隐蔽之处，当火炬手走近时，波斯人误以为他是国王，就向他俯伏跪拜；然后站起来给这个希腊人指明了一处宝藏，那是一堆被他藏在井中的金子。火炬手明知他应向亚里士泰德上报这些财宝；他没有那样做，反而杀了这个波斯人，将财宝据为己有。火炬手关心的是自己的享乐，却忽视了对于雅典的义务。

雅典每年都会征求公民的意见，看大家认为谁应该被流放，以便国家能够免于恶徒和危险分子的威胁。每个公民都可以在贝壳或陶片上写上他希望放逐的那个人的名字。亚里士泰德在街头行走时听到一个人招呼他。

"先生"，那个陌生人说道，"你会写字吗？"

"我会。"

"我不会写字，你能帮我在贝壳上写一个名字吗？一个我想要将之流放的人的名字。"

"没问题，他的名字叫什么？"

"亚里士泰德。"

"他伤害过你吗？"

"没有，但总是听别人说他是'正义之士'，我感到很烦，我想他一定是个虚荣且高傲的家伙。"

亚里士泰德就把自己的名字写在贝壳上，默默离去。

那个人拿起贝壳，然后就投进了市场上专门隔离出来的栅栏内。

我不得不沉痛地告诉大家，贝壳和陶片经过点数之后，有6000片都写着亚里士泰德的名字。虽然有很多雅典人敬重他，但也有很多人认为他太过严苛和守旧。

然而，三年之后，当一支庞大的波斯舰队靠近希腊沿海的时候，雅典人派人将亚里士泰德请了回来；他及时加入海战，将波斯军彻底击溃。

在这次战役中，雅典人一度逃往更安全的地方，差点放弃了雅典城；波斯人纵火焚烧了房屋，并将城墙毁成瓦砾。这次海战之后，波斯陆军统帅传书给雅典人，承诺重建城池，提供钱款，并让雅典成为希腊的领袖，前提是雅典人不再与波斯为敌。他派出信使，而信使停留了几日等待答复。斯巴达人闻听此事，也派遣信使到了雅典。他们希望雅典不要投降；只要雅典人继续与波斯作战，他们愿意照顾雅典人的妇女和儿童。亚里士泰德就在城中，他的回复得到了雅典人的支持：

对斯巴达的信使，他回信这样说：

"波斯人希望我们用自由换取金银，对此，我们并不感到奇怪。但斯巴达人与我们一样是希腊人，却担心我们会为了波斯人的馈赠而出卖自身，这才是我们感到奇怪的。不！任凭地上地下全部的金银加在一起，雅典人也绝不会为了钱财而出卖自由。"

然后他举手指着太阳，对波斯信使说道：

"波斯人烧毁了我们的神庙,让我们的土地变为废墟,只要太阳依然在天空照耀,我们就一定要与波斯人战斗到底。"

有一次,一个雅典的军事首领对公共会场上的众人说:

"我有一条对城邦有利的妙计;但却不能告诉你们所有人,因为这会阻碍计划的实施。"

"那么",众人回答说,"告诉亚里士泰德吧,他是一位正义之士。"

这个首领来到亚里士泰德面前,低声对他耳语道:

"我的计划是这样的,现在,希腊其他的城邦已经带领舰队驶入了我们的港口。如果我们放火烧了他们的船,只让雅典的舰队保留下来,我们就可以成为整个希腊的领袖。"

亚里士泰德回头对众人说道:

"朋友们,我已经听了这条妙计,并且它可能对雅典有利,但这却是一条阴险的计谋。"

"那么",众人惊呼说,"不管计谋具体如何,坚决不能付诸实施。"

至此,你会明白,虽然亚里士泰德曾经被放逐,但是现在公民很敬重他,并遵从他的建议。

你们还记得那个急于将井中黄金据为己有的火炬手吧,他是亚里士泰德的亲戚,是雅典最富有的人。一次,他的死敌们起诉他的罪行,并力图在法官面前证明他是一个性格残忍的坏人。他们说：

"这个火炬手是大善人亚里士泰德的亲戚。他很富有，而亚里士泰德却很贫穷。瞧瞧亚里士泰德吧，他的衣服是多么的粗朴；与他那位有钱的亲戚不同，他甚至在冬季缺少御寒的衣服；他的妻儿所住的地方也很寒酸。但这位狠心肠的火炬手，虽然有的是钱，却没有帮过亚里士泰德一把。"

听过很多这样的陈述后，法官问道："这是真的吗？"

"并非如此"，亚里士泰德说，"我的贫穷不能怪到亲戚的头上。这是我自己的选择。我拥有的东西不多，但我的需求也不多。有恒产者有恒心，这是很很容易做到的。而我宁愿固穷守节，在贫困中保持诚实和正直；因此，我为自己的贫穷而感到自豪。"

法庭上的人窃窃私语道：

"我们宁愿做贫穷的亚里士泰德，也不去做富有的火炬手。"

当亚里士泰德去世时，他的全部家资甚至不足以办一场像样的丧礼。虽然他曾经是雅典军队的将领，是大海战的主帅，是公民的市政官，他却从未操心过聚敛财富的事情。因此，雅典人动用公款埋葬了他，还为他修建了一座纪念碑，让所有路过的人都能看到它，以此来纪念高尚的亚里士泰德。雅典的市民是如此爱戴这位正义之士，以至于在他的每一位女儿结婚的时候，都赠送了大量的礼物。此外，他们还给他儿子不少银子和一片林木丰茂的土地。很多年过去了，亚里士泰德的后人依然受到城邦的善待。

就这样，一个人通过自己的善行在身后继续发挥作用，让世界变得更加美好：

> 唯有正义的行为，像花一样
> 散发着芬芳
> 在尘世间绽放

雅典的救星：地米斯托克利

"看，孩子"，一位希腊老人在海岸边散步时对儿子说，"你看到那些被遗弃的海船了吗？它们曾经也是坚固的战舰，带着勇士跨越海洋，而今却破败不堪，寂寞地半隐于黄沙之中，无人问津。那些为雅典效命的人也是如此。他们不遗余力地为城邦服务，年迈迟暮之时，就被搁置一边，无人理睬。"

这个孩子名叫地米斯托克利（Themistocles）。他深沉地望着这些旧船，但却下定决心，无论如何，都要为雅典尽心竭力。

他做到了。公元前481年，波斯国王薛西斯一世带领大军入侵希腊。士兵非常多，据说喝干了两条河。有50多个不同的国家参与了这次侵略战争。有的国家的战士的腿部和胸部都护着铁鳞片制的铠甲，并带着弓、矛和短剑；有的国家的士兵配备头盔和裹铁的木棒；有的国家的士兵穿着布袍；有的国家的士兵则穿着狮子皮、豹子皮，半身涂得血红；有些国家的士兵穿着狐狸皮。

波斯军队逼近雅典城，众人处于一片恐慌之中。人们去求问阿波罗神如何是好。女祭司说出的神谕如下：

"要仰仗你们的木墙。"

"木墙是什么？"人们禁不住询问彼此。

"我知道，"地米斯托克利说道，他当时是雅典舰队的首领。"木墙就是指木船。我们要离开雅典城，将妇女和儿童送到海湾另一边的友邦去，他们将暂且寄居在那里，直到我们把波斯人赶出希腊海岸和水域。所有的青壮年都要上战船，为雅典而战！"

这是仓促中的决定，因为不远处可以看到落入敌手的村庄变为一片火海。妇女和儿童匆忙登船，划桨驶过了雅典城外宽阔的海湾。有人不愿意丢下自家的狗，当它看到主人离开时，就跳入大海，紧随着船游泳，并最终抵达了萨拉米岛的海岸。上岸后，它就死了，主人埋葬了它，并伤心地哭了一场；几百年后，埋葬这条狗的海滩依然被人称为"葬犬滩"。

海军将领召开会议讨论具体在何处与敌军舰队交战。其中一人因为自己的方案不被认可而大怒，举起手杖要攻击首领。地米斯托克利平静地看着他说：

"我可以任你打；但你要听我说。"

这个愤怒者的手杖并没有砸下去。地米斯托克利平静的回答化解了他的怒气。地米斯托克利决定在陆地与萨拉米岛之间狭窄的海峡之处与波斯军队交战。雅典城已经被付之一炬，城墙也被拆毁；而波斯海军舰船高大，对希腊形成了可怕的半圆形包围。希腊的船是平底船，与敌舰相比显得矮小。每条船上大约有50名桨手；甲板上有18名战士，4人是弓箭手，其余是长矛手。

公元前480年的一天早晨，双方的舰队相互对峙，成千上万的船帆在海风中飘摆，士兵的武器在阳光下闪耀。端坐在黄金宝座之上的波斯国王，正在高高的岩崖之上俯视着大海。身边站着诸位王子，还有手持笔墨的刀笔吏，准备记下波斯人在即将进行的海战中的英勇事迹。波斯元帅的船非常高大，从这艘漂浮的城堡上，他向雅典人投掷标枪、搭弓射箭。波斯舰船数量庞大，总是在狭窄的海峡中冲撞。战斗持续了一天。在希腊人的欢呼声中，敌船逐一被摧毁、击沉，或俘虏；希腊人仿佛看到了陆地上的光明，仿佛听到了空中诸神垂青的安慰之声。在黄昏之时，萨拉米海战结束，波斯国王、手捧笔墨的刀笔吏，还有那群骄傲的王子都仓皇从海岸逃走，匆忙中丢下了国王的黄金宝座。不久之后，国王又带领残军，将船连成横跨小亚细亚和欧洲大陆的一座桥，急匆匆逃遁而去。滞留希腊的波斯军队在普拉托亚（Platoea）一役中被击溃。雅典城墙也得以重建。地米斯托克利因此成为了这座名城的救星。

　　你还记得那个海滩上的老战船的故事吧。后来雅典人心转向，开始敌视地米斯托克利，并把他驱逐流放。有人说地米斯托克利阴谋反对他在萨拉米之战中以智慧挽救的城邦。我们很难在古代史籍中查明真相，只好将这个疑案搁置起来。听说这位著名的将领到处漂泊，最后来到了亚洲。这是一种需要勇气的行为，因为他曾经是波斯人的宿敌。他在一个城市访问一位波斯朋友，消息传出说他就在院内。愤怒的人们跑去搜查他，一片喧闹之声。他的朋友急忙把他塞进了女士使用的轿子里。这种轿子可能是你在绘画中见过的那种肩舆。抬轿人用长杆子抬着肩舆,窗户遮蔽起来。若有人问:"里面是谁?"抬轿人回答说:"是要上朝的希腊女士。"

地米斯托克利的确登上了波斯国王的朝堂。他已经获悉波斯国王愿意友好地接待他。事实上,国王希望利用这位著名的将领,劝服他攻打自己的祖国。波斯国王如此兴奋,以至于在睡梦中曾三次呼喊:"我终于得到了雅典人地米斯托克利!"

次日早晨,这位雅典人来到了波斯宫殿门前,守卫的士兵知道他的身份后,恶狠狠地盯着他,当他走过时,一个军官低声说道:

"你这条希腊蛇,今天拿到你,是波斯之幸!"

然而,国王对这位来客要礼貌多了,并与他谈论再次对希腊用兵之事。

"对于攻打希腊,你有何高见?"国王问道。

地米斯托克利看起来心事重重,他说:

"陛下,就像你墙上的织锦挂毯,上面有很多幅图案,当织锦展开之时,一切都一目了然。当织锦卷折起来时,图案也隐藏了起来。而今,陛下,我心中也有很多的想法,但我暂时还不想将它们展开。请容我三思。"

"好吧",国王说,"把你的织锦卷折一年吧。"

在这段时间,地米斯托克利受到了善待。一个城市的人负责给他送饭;另一个城市的人负责送酒;还有一个城市负责供肉。他还经常随从国王去狩猎，猎取野鹿、野猪或狮子。

不用说，他的心始终惦念着雅典城，他渴望再次回到祖国同胞之中。在亚洲的一座城市散步时，他看到一件铜制雕像，是一个女子头顶一罐水的姿势。这个雕像是他在雅典的公共场合命令制作和摆放的。看到这个雕塑，他眼前一亮，恳求市政官准许他将雕像寄回希腊。但市政官拒绝了他的请求。

我相信这位勇敢的萨拉米的凯旋者的心一直在为祖国而悸动。波斯人征召了一批庞大的陆军和舰队，准备开往希腊海岸。国王传话给地米斯托克利说万事俱备，希望他带领大军从亚洲打向欧洲。

这是对他的诱惑。如果他带领波斯军队并取得胜利，将会得到丰厚的奖赏。但将死亡和战火加临到自己的国土之上，他将永远无法高兴起来。他叹了口气，对少数几个朋友说，自己不敢攻击雅典。而后，为了保守清誉，他自尽而亡。

听到地米斯托克利自尽的消息，雅典城陷入了深深的悲痛之中，波斯国王也很伤心，因为尽管地米斯托克利拒绝帮助波斯人，但他拒绝的理由却是无比高贵的。

他也是一个睿智的人，最后我要再讲一个小故事。有两个雅典公民提亲要娶地米斯托克利的女儿，一个人富有但人品欠佳，另一个人贫穷但为人诚实、公正。地米斯托克利青睐这位穷人，并说：

"我宁愿我的女儿嫁给一个男人,却没有钱;而不是嫁给钱,却算不上个男人。"

若是年轻的女士读到这个故事,我希望她们思量一番。

海军元帅：西蒙

"他们来了！敌人来了！波斯人要抓我们；房子被烧了；我们的丈夫被杀了！"

雅典的妇女在大街上叫喊着，伴随着孩子们刺耳的哭声。

"我们要上马迎战，不让波斯人进城。"一个雅典人喊道。

"不，"一个年轻人一边说话，一边从人群中挤了出来。

西蒙（Cimon）高大英俊，一绺绺浓密的长发披在肩上。

"不，"他说道，接着将马缰绳抓在手中。"朋友，跟我去那边的神庙；在那儿祈祷后，我们要照着明智的地米斯托克利的建议去做。我们要上船。"

他坚毅的表情和浑厚的声音似乎鼓舞了雅典人，很多男人，还有妇女和孩子都跟着他进了神庙。他把缰绳放在祭坛上，说眼下雅典不需要战马和骑兵。雅典一定会被木墙也就是舰船所拯救。然后他从庙宇的墙壁上取下了一个盾牌，沿街朝港口走去。那里停泊着一大批海船。船上很快就挤满了匆忙中从家里携走各种物件的人们。妇女和儿童驶过了港湾。那天晚上，西蒙参与了著名的萨拉米海战，我们在前边提到过这次战役。

没过多久，雅典舰队需要一位新的将领。

"我们想要的人"，人们说道，"叫西蒙，因为当我们充满恐惧的时候他却表现出了坚毅，并给我们新的勇气；我们希望海军将领的人选，不仅要知道如何操作舰船，更要知道如何鼓舞同胞。"

于是西蒙被选为将领，在为城邦效命的时候，他功勋卓著。他在战争中掳获了很多财宝，把自家房子装修得很漂亮，庄园也很大。然而，西蒙并没有独霸财富的欲望，他没有在门上写"私邸"这样的字。他要求把自家田里和花园里的篱笆全都拆了，让所有行人都可以进去小憩或是摘水果。我认为富人这么做是非常正确的，只要确保陌生人规矩一点，不要破坏草木，并保持花园的美观。在行为上，也许雅典人要比很多美国人更有礼貌。此外，他嘱咐仆人每晚都摆设餐桌，盘子中放着家常而又健康的食物，任何一个穷人都可以进来，尽情饱餐。

有时候你会在大街上看到西蒙与一群衣着得体的年轻人同行，他们是西蒙的护卫。如果有衣衫褴褛的老年市民经过，西蒙就会说："看见那位老绅士了吗？"并转向其中一个年轻人，"跟他换换衣服。"

年轻人就会脱下漂亮的披风和外衣递给老者，而老者也会顺手把自己满是补丁的旧衣服交给护卫。有时，在西蒙的授命下，他的手下会偷偷把钱塞进那些穷困之人的口袋里，后者或许到了家才发现，自己居然没有想象的那么穷！

"哼，"有些爱讥讽的人会说，"为什么西蒙要给雅典人送礼？不过是为了让众人选举他担任公职，或让他成为雅典城邦的强势人物。"

事实并非如此；因为普通人与贵族发生争执的时候，西蒙会站在贵族一边。他既不逢迎穷人，也不谄媚富人。曾有一个波斯乡绅反抗国王，并逃亡到雅典，有间谍尾随而至，试图将他逮捕并押解回波斯。他觉得最好的办法就是寻求西蒙的庇护。一天，他到西蒙家拜访，并请求一见。当被邀至前庭（与西蒙起居室相连的房间）的时候，他在显眼的地方放了两个杯盏，一个装满了银币，一个装满了金子。他并不认为这对于恳求西蒙的帮助来说是足够的；他只是想确认，西蒙拿了钱就不会无所作为。

当西蒙与这位波斯人谈话的时候，他的目光落到了杯盏之上，然后笑着说：

"先生，你是要我成为你雇佣的仆人，还是成为你的朋友？"

"当然是朋友"，波斯人热切地回答。

"那好"，西蒙说道，"把这些东西拿走吧。我也愿意做你的朋友，毫无疑问，设若我需要钱的时候，只要开口，你一定会伸出援手的。"

你看到了，西蒙是不会屈尊受贿的。他热爱雅典和他的同胞，如果他为某人做了好事，那是出于慷慨和公义，而不是因为他想获得某个职位或某种报偿。

公元前466年，他带领200艘战船行至小亚细亚海岸，在入海口与波斯的300多艘战船遭遇。战争随即发生；镞矢如飞，风帆破碎，船只沉没，士兵溺死；最后希腊人俘获敌船200艘。就在同一天，雅典人登陆并攻打了岸上的波斯军队，夺取了满是战利品的营帐。这样得来的财宝被带回到雅典，用来建造新城墙。西蒙没有分一杯羹的想法，他还将这笔钱用在排水上，抽干了雅典城附近的一片沼泽地；同时还在一个叫阿卡德摩（Academy）的地方植树，方便人们在林荫道上散步。就这样，他把自己的财富都花在了公共福利上；这是所有的富人应该做的事情。

你或许记得之前讲到的斯巴达勇士；斯巴达是一个与雅典相距不远的希腊城邦（或国家）。也许你也记得斯巴达的奴隶叫希洛。而今，那些希洛不满于奴隶身份，时不时都在谋划着获取自由；毫无疑问，我们今天会认为他们有权这么做；但是，你也知道，在古希腊罗马时代，所有国家都认为蓄奴是正当的。斯巴达的希洛在等待时机，啸聚而起，杀死奴隶主。这样的机会似乎的确就要来了。

几百位斯巴达的年轻人正在跳高、赛跑、拳击，在一个叫博体科（Portico）的大型建筑内进行各种训练。忽然有人高声呼喊。

"喂，看那只兔子！"

这只惊恐的动物竭尽全力跑过去。年轻人嗷嗷叫着紧追其后，又笑又闹。这时发生了地震。大地颤抖；城市附近山上的岩石松动，博体科在一声巨响中倒塌，孩子们被埋在了废墟之中。人们惊恐万状，害怕房子塌下来砸到头上，到处跑着寻求安全的地方。在这场恐慌中，希洛安静地集结起来。他们没有房子可失去；他们想要自由；他们认为现在就是反击的时刻。一个斯巴达首领认识到危险之后，命人吹响警报号角，斯巴达公民闻声而起，拿起了刀剑、长矛和盾牌，冲向士兵通常聚集的地方。虽然希洛不愿意放弃希望，他们还是退回到乡村，以便组织起军队来进攻斯巴达城。

在此困厄之际，斯巴达人送信给雅典，请求帮助。信使穿着红色的披风，当他站在聚拢着的雅典人群之中时，人们发现他红色的袍子与灰白的面颊，形成了奇异的反差。

"不，"一个发言人叫道，"让斯巴达人自己去战斗吧。这事与我们何干。斯巴达向来对雅典猜忌而又傲慢。就让奴隶成为他们的主人，让斯巴达领受教训，学会谦卑吧。"

西蒙站起身来，众人都转头凝重地看着他。

他说道，"斯巴达的确猜忌而又傲慢；这肯定是不对的。但是，朋友们，毕竟斯巴达是希腊城邦，是雅典的友邻。我们不应该看到朋友的四肢残破，却幸灾乐祸；我们也不应该看到雅典的友邻遭遇创伤，却幸灾乐祸。"

听到这些话，人们发出一阵赞叹，要求西蒙带领大家襄助斯巴达；就这样，斯巴达从希洛制造的恐慌中成功解脱。

数年后，西蒙率领雅典海军远征，抵达埃及海岸对抗波斯军队，敌军舰船近在眼前。但西蒙身染疾病，溘然长逝。弥留之际，他对身边的水手说道：

"不要公布我的死讯。如果波斯人知道我死了，他们就会放胆攻击你们。要趁他们尚不知情，起航返回。"

在夕阳西下的时候，雅典舰队展开风帆，朝着希腊返航；太阳沉了，元帅死了。他的最后一念依然心系着他热爱的城邦。

美化雅典的人:伯里克利

"你的脑袋就像洋葱头!"

他不回应。

"你这个畜生,你这个流氓,头大身小的家伙。"

他不做声。

这个不做回答的人就是雅典的长官伯里克利(Pericles)①。我不知道那个人为何这样沿街对他叫骂。但伯里克利默默地走到了自家院门前。

天色已晚,在黄昏的灰暗中依然可以听到身后传来的叫骂声。伯里克利对一个随从说:

"拿一支火把来,"他说道,"送这个人回家。"

这就是伯里克利对这个粗鲁的雅典人的全部回应。你看到了,他是一个特别有自制力的人。即使遭到辱骂,也不会勃然大怒。这并不是因为他天性软弱或怯懦。在雅典面临战争时,伯里克利曾投身军中,也曾参与海战。

伯里克利备受人民的爱戴,若是我告诉你他的所作所为,你就会明白他受欢迎的原因。所有贫穷的雅典人

---

① 他的出生日期不详。从公元前469—前429年伯里克利去世时,大部分时间里他都是雅典城邦公共事务中最显眼的角色。

都可以领津贴观看露天剧院的演出。士兵领受薪金；每年有60艘战船在海上巡逻八个月，船上所有水手和受训人员都发工资。谷物以低价售予贫民。每批250—1000人被派遣到海外，定居国外城市，但他们依然受到雅典力量的保护。如果你在伯里克利时代的雅典城散步，会看到成群的人在做工，筑城墙、修干道、建庙宇，使用大批量的石头、黄铜、象牙、金子、檀木和柏木等。你会看到木匠、瓦匠、铜匠、铁匠、画师、搓绳人、制革人、铺路人，以及马车夫和搬运工。漂亮的神像和女神雕像被树立在庙宇和街头。有一尊雅典女士的雕像，由黄金和象牙制成，黄金闪闪发光，象牙琢磨得光滑透亮；她的罩袍垂到地面；长矛持在手中，卧龙伏在地上，两只尖嘴的狮身鹫首怪从头盔中长了出来。这一切所需要的钱是从哪里来的？恐怕大部分是来自税收，或是进贡，也就是雅典强迫周围其他土地或岛屿上的人民献上的财物。结果呢，虽然战船在高傲地巡航，雕塑金光灿灿，公民免费进出剧院，但这一切的荣光却不能持久，因为这全是从其他民族那里获得的赃物。伯里克利的统治持续了40年时间。

伯里克利为人慷慨，随时准备帮助手头拮据的人。有一个老哲学家（或智者）穷困潦倒，以至于想要自杀，他把脸蒙上，绝望地躺在那里。有人跑去见伯里克利。

"阁下，"他们喊道，"你的老朋友，那位哲学家，把自己的脸蒙上了。"

伯里克利即刻明白这意味着什么。在古希腊,这是一个人想要自杀的标志。这位老哲学家想要饿死自己。

伯里克利匆匆赶到朋友家里。

"我亲爱的朋友,"他说道,"不要这样死去。我们不能失去你;你是我们爱戴的人。"

"啊,"这个老人呻吟着,以自己独特的睿智回答说,"啊,伯里克利!想要灯发光的人,不会忘记给它注油。"

他的意思是说,如果人们真的关心他,就应该给他提供食物之类的必需品;可以肯定,伯里克利不会让这位朋友死去。

在伯里克利去世前两年,爆发了一场持续30年的战争,一边是雅典,一边是斯巴达及其盟友;若是伯里克利活着看到战争的结局,见到他热爱的城邦被击败,城墙被摧毁,他一定会伤心欲绝。他准备了一支由150艘战船组成的舰队,刚登上船,就发现天空变得阴暗,大地笼罩在奇怪的灰色之中。你能猜到发生什么了吗?月亮正从太阳和地球之间经过,投下了一片阴影。这是日食,即太阳被遮蔽。希腊人非常害怕,旗舰的领航员浑身发抖。这时,伯里克利取下斗笠遮住了他的眼睛,并问道:

"斗笠遮住眼睛,你害怕吗?"

"我不怕,阁下。"

"那么日食有什么可怕呢？不过是比斗笠大点的东西遮住了眼睛而已。"

领航员恢复了勇气，这个故事也口口相传，整个舰队因此免于一场恐慌。

然而，舰队回到雅典，无甚斩获，雅典人非常愤怒，对伯里克利罚以重金。但不久他们又改变主意，返还了罚金，并重新推举他为雅典的长官。

但伯里克利的生年日蹙。此时，一场瘟疫席卷雅典城，成千上万的人死于这场灾难。有人说瘟疫是由涌入雅典城的人导致的，他们大部分是乡下人，习惯了田野间的新鲜空气，为了逃避仇敌斯巴达，而进入了人口拥挤的雅典，浊重的空气让他们患上了疾病。伯里克利的几个儿子也死了，其中一个儿子特别招他喜欢，当这位父亲将花环放到儿子的头旁时，禁不住泪如雨下。不久伯里克利也染上了瘟疫，奄奄一息。

一天，朋友们围着他的病榻彼此交谈，回忆他的生平和为人，而他静静地躺着，大家都以为他是睡着了，或是处于昏迷之中。

"他创造的雅典城太美了；外邦人来这里无不赞叹。"

"山上的庙宇，精美绝伦；若是没有伯里克利的方案，我们永远也不会拥有这一切。"

"那些去免费剧院的人，他们是多么愉快啊！"

"海上的岛国之所以向雅典进贡，乃是敬畏我们领袖的权威。"

"唉，我亲爱的朋友们，"一直在倾听的伯里克利说道，"这些事其他人也都做过。有一件我引以为豪的事情，被你们忽略了。"

"是哪件事啊？阁下。"

"没有一个雅典人对伯里克利的哀悼是出于装模作样，因为我不曾治死过一位雅典居民。"

就这样，伯里克利与世长辞。

在结束之前，我要谈谈少女的闺房。这是在领袖弥留之际，他的一位朋友提到的那座山上的庙宇。希腊语中"少女的闺房"即帕特农神庙。雕塑由大理石制成，长度是宽度的两倍。除了围墙之外，还有高大的立柱，每头有 8 个立柱，每边有 15 个立柱，无论你从哪里进入，都要从大理石柱之间穿行。第一排石柱之内还有第二排，四周皆是如此。立柱之上和庙宇四周，都是雕绘。这些雕绘展示的是诸神与邪恶巨人之间的战斗；雅典勇士与北方的亚马逊悍妇之间的战斗；还有行进中的骑兵。如果你想看看这些马匹和男女战士石雕，就得去希腊。但在纽约、芝加哥和其他城市的艺术博物馆里，你也能看到一些石膏铸件，不过，我要很遗憾地告诉大家，相形之下，你会发现今天陈列在大英博物馆里的原件，实在是斑驳破碎得不像样子。

当希腊过了鼎盛时期之后，帕特农神庙变成了教堂，被命名为圣母玛利亚教堂。这是中世纪（400 年—1300

年或1400年）的称呼。此后，神殿又落入土耳其人之手，变成了清真寺。1587年，土耳其人与威尼斯人之间爆发了战争。然后有一天——怎么了？

嘭！

被土耳其士兵当做军火库的神庙爆炸了，建筑几乎被彻底摧毁。

战争是可恨的。它毁掉了"少女的闺房"中的可爱雕绘，它杀死的人们，曾经是偎依在母亲怀抱中可爱的婴孩。

三种力量：莱桑德

带领希腊士兵从小亚细亚海岸进军到大象之国印度的那位征服者，叫亚历山大大帝（前356—前323）。杀死狮子并与野牛搏斗的大力神，叫赫克利斯。在英勇的搏斗中杀死31名敌手的特洛伊王子，叫赫克托耳。而征服雅典城的斯巴达将军，叫莱桑德（Lysander）。

莱桑德因其结束了希腊人之间长达近三十年的伯罗奔尼撒战争而闻名，这场战争的双方分别是雅典战士和斯巴达勇士，始于公元前431年，止于公元前404年。在陆地上，希腊人自相残杀；在大海上，在美丽而又丰饶的众多岛屿之中，战船来回游弋，在战斗中相互撞击。最后，莱桑德领导的斯巴达人发动突袭，当时，由120艘船只组成的雅典舰队正在海岸停泊，船上几乎空无一人。雅典元帅发出警报，并带领他能够找到的士兵匆忙登船。其他人也从营房奔向海岸，他们当时正在做饭或是歇息。此役只有9艘战船逃脱，大批雅典人被杀死，3000多人成为俘虏。莱桑德胜利返航，他的手下唱着歌曲，乐师吹着长笛。接着，斯巴达军队就扑向了雅典这座美丽的海滨城市。很多人涌到城中避难，以为绵延的城墙能够保护他们，使之免遭斯巴达人的荼毒。但三个月后，雅典城就投降了。莱桑德命令许多伶人演奏乐器，号、琴和鼓一并作响，斯巴达人推翻了城墙，并烧毁了雅典的船只。这就是"剑的力量"。

九年后，莱桑德包围了一座城市，黄昏时分他来到了城门前，但驻军突然杀出，冲向了莱桑德及其随从，他就这样战死沙场。莱桑德因剑而升起，也因剑而倒下。

在我们正在讲述的广为人知的伯罗奔尼撒战争中，莱桑德收获了很多战利品，黄金冠冕，黄金器皿，还有大量的金币和银币；他将这些财宝托付给一名叫吉利普斯（Gylippus）的官员保管，使之负责送回斯巴达。财宝被封存到很多袋子里，莱桑德在每个袋子中都放了一张便条，说明袋子中装的东西，比如1000枚银币和两只银杯等。袋子都用蜡封了口。吉利普斯在战争中非常勇敢，也是位著名的将领，但他的心被贪欲蒙蔽了。面对雅典人的枪林弹雨，他坚硬如铁，面对金钱，他却软弱如泥，他觊觎那些本应属于城邦的财宝。在回斯巴达的路上，他把每个袋子的底部都捅破了，取出了一些金银，然后又把破裂处缝上，再把袋子交给了市政官。由于蜡封完好，他认为自己做得天衣无缝，不会败露。他当然不知道莱桑德在每个袋子中都放置了一张便条。你可知道他是如何放置这些偷来的钱财的？他把钱财放到了自家屋顶的稻草垫下面。我必须告诉大家，这些钱上都有猫头鹰的图案，这是雅典人的圣鸟。当市政官打开袋子并清点财物的时候，他检查了便条，奇怪地发现没有一个袋子里的财宝能够与便条相对应。

"这是怎么回事呀？吉利普斯。"市政官问道。

这位将领满脸通红，结结巴巴地为短缺的财宝寻找借口。

此时，吉利普斯的一个随从走上前来。

"先生，"他对市政官说道，"有很多猫头鹰正在我家主人的屋顶鸣叫。"

你肯定明白这是什么意思。钱被找到了，吉利普斯羞愧难当，随后离开了斯巴达。就这样，我们看到了一名勇士是怎样蒙羞的，因为他在"钱的力量"下跌倒了。

斯巴达人甚至通过了一项决议，要求袋子中所有的财宝都不能瓜分，而应该被当做公共储备，归全体人民使用，比如用于雕塑和建筑等。我认为这个方案不错。国家的财宝或财富不应该服务于少数人，而应该用作全体人民的公益开支。

此外，我们在莱桑德的生平中发现，他相当虚荣——也就是说，他太在乎自己，太喜欢听赞美的话。如此前所述，当他摧毁了雅典城墙并烧毁了雅典战船之后，一个诗人送给他一首赞颂他的诗作。这位斯巴达将领喜出望外，回赠了诗人满满一头盔的银子。我想，那位希腊诗人只要得到银子，是不大在乎头盔的。也许，他写诗就是为了赚这笔钱。果真如此的话，恐怕"钱的力量"要压倒诗和诗人了。

但我还有一个更好的故事要告诉你们，它关乎"诗的力量"。

在雅典城陷落前不久，雅典人派遣一支由很多舰船组成的军队去攻击西西里岛的海港城市叙拉古。同雅典人一样，西西里人也是希腊人，他们同样使用希腊语，读着相同的著作，欣赏相同的戏剧，在神庙唱着同样的赞美诗。雅典的指挥官被杀死，他们的船只被俘获，整支军队都成了俘虏。很多雅典人被送到采石场劳动，搬运石块；他们每日的饮食不过是一品脱①的大麦和半品脱的水。其他的一些人则被叙拉古的富人买下，作为家庭奴仆。当时，叙拉古城的居民非常喜欢一名叫欧里庇得斯（Euripides）的诗人的作品。雅典的战俘能够背诵很多欧里庇得斯的诗作，不但能够吟唱他之前的诗句，也能唱叙拉古人尚未听过的新作。叙拉古人围在奴隶身边，津津有味地听他们的背诵或吟唱，全神贯注地聆听，直到结束的时候，才爆发出热烈的掌声。

"朋友，"拥有奴隶的人说道，"为了报答你的吟唱，我给你自由。你可以走了。"

有一批雅典人就这样摆脱了奴役，回到了雅典，并去拜访这位老诗人。

"我们来是要感谢你赐予我们自由"，他们说道。

"这是怎么回事啊？我并没为你们做什么。"

"先生，的确是你给了我们自由。在叙拉古的时候，

---

① 品脱是单位，美制 1 品脱 = 473.176 毫升，英制 1 品脱 = 568.261 毫升。

我们给主人吟唱你的诗作，为了表示感谢，他们就释放了我们。"

还有一个故事说，一艘来自雅典的船只曾被海盗追逐，雅典人想要驶入西西里沿岸的海港。港口的人喊道：

"你们是雅典人；我们拒绝接收雅典人。"

"但海盗在追我们。让我们躲避一下吧，求你们啦！"

"你们会背诵欧里庇得斯的诗作吗？"

"会。"

"那就来吧，欢迎你们！"

船只驶入海港；海盗丢了猎物，而一大群人很快聚拢到雅典海员身边，倾听他们最喜爱的诗人的作品。

"剑的力量"是残酷的，它剥夺生命，旨在毁灭。

"钱的力量"是卑鄙的，他诱惑勇士，做出低贱的行为。

"诗的力量"是高尚的，它让人心充满温情；它记录脑海中深邃的思想；它让人双目放光，热望公平正义的事业。诗人教给我们的一切，无不关乎美好的事物——斜阳、大海、蓝天，还有英雄心中的梦。诗人是这样的人：

> 他们的家就在斜阳的余晖里
> 在辽阔的大海上，在生机盎然的气息中
> 在湛蓝的天空上，在人们的心灵中

斯巴达将军莱桑德在前 404 年攻破雅典城,结束了希腊人之间长达近三十年的伯罗奔尼撒战争

多面人：亚西比德

两个孩子在雅典的大街上摔跤，每个人都竭力要把对方摔倒在地。其中一人眼见要倒下，就在对方的手上咬了一口，对手不得不松手。

"哇！"另一个孩子叫道，"你怎么像女人一样咬人呢！"

"不！"他回答说，"我像狮子一样咬人。"

狮子当然想咬就咬；但我还是觉得，男孩子咬人缺乏男子气，即便是在运动时。

这个咬人的孩子的希腊名字有点长，叫亚西比德（Alcibiades），他生活于公元前450—前404年之间。

有一天，他跟其他孩子在大街上掷骰子玩。就在他要投掷正方形的小骨头块儿之时，一辆马车咕咕隆隆驶了过来，亚西比德叫喊着让车夫停下。但车夫不理会小孩子的叫声，继续前行。于是亚西比德就横躺在狭窄的道路上，挑衅车夫有能耐就轧过去。马车夫当然不会那样做，就不得不停了下来，这个孩子因如愿以偿而放声大笑。

成年的亚西比德成了雅典人的话柄。他很有钱，房子华美，衣服昂贵；有很多人追随他，向他献殷勤，为的是讨得他的好感或是得到些礼物。作为成年人，他像从前一样干一些怪癖的事情，而雅典人则面带微笑，彼此谈论有关亚西比德的笑话和古怪行为。他不吹笛子，说是吹笛子时，嘴形扭曲，显得太丑陋，他宁愿弹里拉那样的弦乐器。雅典的年轻人纷纷跟风，没有一个人愿意买笛子或是吹笛子。

有一个人邀请亚西比德到他家里赴宴，备上一桌大餐，并将金银器皿也摆放在桌子上。就在很多宾客要进入宴会厅的时候，亚西比德突然大步流星走进来，身后还带着几名随从，吩咐他们将珍贵的杯盘收起来带走。随从依命照办。客人以为主人会冲出房间追赶亚西比德，并要求他归还杯盘。但主人只是说：

"算了，让他走吧。毕竟他只拿走了一半，如果他愿意的话，他会全部带走的。"

事实上，他太钟爱亚西比德了，即便是把他最昂贵的饰品送出，他也心甘情愿。而亚西比德对那些热衷于结交他的人，从来就缺少尊重。他似乎（至少有时候）非常在意与苏格拉底为伴。我们知道，苏格拉底相貌丑陋，他会坐在雅典的市场上或朋友的家里，与那些围在他座椅旁的人交谈。他是最聪明、最优秀的公民，年轻人总带着极大的热情听他演讲。我想，恐怕亚西比德除了喜欢苏格拉底之外，还同样喜欢很多其他的事情，而这些事情通常既无益又无用。亚西比德是一位拥有多副面孔的人。今天他作为学生露面，热爱学习。明天他又作为小丑露面，喜欢逗趣。他为人多变。

有一次，亚西比德碰上一位颇有声望且受人敬重的老人，他径直走上前去，无缘无故抽了人家一记耳光。唯一解释得通的是：他曾经向同伴夸口他敢这么做，而大家却不相信他。第二天一早，他登门拜访了这位老人，并请求他的原谅，甚至愿意任这位老绅士尽情暴打他一顿。但这位雅典老者并没有衔怨在心，大度地宽恕了这个冒失的年轻人。我想，人们又会拿这个事情当笑话来谈论。

亚西比德知道人们在谈论他。人们不谈论他，那才是亚西比德的悲哀，因为他为人自负、生性虚荣。有一次，他花了一大笔钱，买了一条漂亮的狗，却把这个动物毛茸茸的尾巴给切除了。

"雅典人都在谈论你对狗的怪异做法，"一个朋友告诉他说。

"这个嘛，"他回答说，"正是我想要的，雅典人如果不拿这件事说我，就会搬出其他更坏的事情来。"

听到他下面的故事，你一定会感到好笑，像很多雅典人一样，亚西比德喜欢养一种叫"斑鸠"的鸟。如果翻看自然史类的书籍并查看斑鸠的图片，你也许觉得这种鸟并不漂亮；但是，养斑鸠作为宠物却是雅典年轻人的嗜好，亚西比德也经常在袍子中藏一只斑鸠。一次在大街上行走时，斑鸠掉了出来，结果引来一大群人，豕突狼奔一般追赶斑鸠，他们争着给亚西比德献媚，看谁能够抓到斑鸠，物归原主。他们认为亚西比德是个逗趣的人，尤其是当他参加奥林匹克运动会的时候，他曾经带七架马车参加比赛。当他在比赛中飞驰而过时，场上人声鼎沸，马蹄和车轮下扬起一片尘土。他得了三项奖，并为这个成绩踌躇满志，以至于自掏腰包宴请所有在场的观众吃了一顿。当他身披紫色长袍，在公共场合走过时，艳羡的目光就会聚焦在他身上。

"他是我们高贵的首领，"有人这样说。"他太帅了；带领我们打仗也不会差。"

你还记得之前谈到过的漫长的伯罗奔尼撒战争吧，它在雅典和斯巴达之间持续了28年。此时战争正在进行，这个穿紫袍的多面人，认为自己既然会弹琴、会养斑鸠、会驾赛车，还是苏格拉底的朋友，也应该会是个强悍的勇士。他对公众演讲，告诉大家雅典城是何等之伟大，未来必能取得胜利。一个叫泰门的精明之士对他喊话说：

"去吧，勇敢的孩子，去成功吧；你的成功会给这群人带来毁灭。"

他的意思是说，如果大家信任亚西比德的话，这会对城邦有害无益。

亚西比德一度让自己成为军中响亮的名字，并在多次战斗中取胜；当雅典人出海攻击西西里的时候，亚西比德率领了140艘帆船，5100名重甲士兵，还有1300名弓箭手和投石手。但他从西西里空手而归，因为他被雅典召回，要应付一场诉讼。有人控告他在晚上搞过一个疯狂的恶作剧，他和他的朋友在大街上溜达时破坏了赫尔墨斯的雕像，赫尔墨斯是家庭的保护神，希腊人每家每户门口都有一尊，亵渎他被视为是一种可怕的罪行。我不知道亚西比德是否干了这件事，但人们了解他的个性，认为他极有可能会侮辱雕塑；他被判流放，并被剥夺财产。

你认为他会去什么地方？他去了斯巴达，这个城邦与雅典为敌，并正在同他的祖国进行战争。他竭力让所有人都崇拜他。他把所有华美的衣服都藏匿起来；穿上了粗布衣服；卷发也给剪了，头发留得很短；他吃斯巴达人的黑面包，喝斯巴达人的黑粥，坐着粗糙的木质椅子；房间里既没有铺地毯，也没有挂图画。斯巴达人对此感到欢喜，而这正是亚西比德想要的。让斯巴达人喜出望外的是，他还加入了斯巴达军队，参与反对自己同胞的战争。后来，斯巴达国王开始怀疑他，认为他不值得信赖，这个多面人就跑到了小亚细亚，寻求波斯王公或贵族的庇护；而波斯人，你是知道的，是雅典人的仇敌。但亚西比德并不管这些。他与波斯人吃喝玩乐、唱歌打猎；波斯人也觉得他是个不错的人。但他又变化了一次，重新站到了雅典一边，还在一场海战中击败了斯巴达人，取得了胜利。他接二连三地取得胜利，雅典人欢迎他回归祖国，返还了他的田产，并用金冠为他加冕。

但这种光荣并未持久。斯巴达人在战争末期取得掌控权，雅典的城墙被夷为平地。

那么，亚西比德去了哪里？他再次去了亚洲，但波斯人杀了他，目的是要取悦强大的斯巴达。一天晚上，他们点燃了亚西比德的房屋，他手持宝剑冲了出来，死于战斗之中。

当然，亚西比德很聪明，很机智，很帅气，很勇敢，也合大众胃口——也就是说，人们喜欢谈论他。你觉着他是个好人吗？不！为什么呢？他的所作所为，都是为了让人们崇拜他、琢磨他、谈论他。他在不断地变化着；只有一件事情是不变的——除了他自己，他似乎从不关心他人。苏格拉底长相丑陋，但我们纪念他。亚西比德相貌英俊，身披紫袍，家财万贯，但我们并不纪念他。他甚至不能教一条狗去爱他，更别提让人去信任他了。

古波斯国王：阿尔塔薛西斯

王子与衮衣绣裳的贵族雁行有序，步入庙堂，祭司趋走相迎。

"请吃无花果蛋糕，"祭司说道；王子就尝了一口蛋糕。他就要成为幅员辽阔的波斯的国王，生命中的一些时光将会是幸福和甜美的。

"请品尝松脂，"祭司说道；王子口含这种取自松树的胶汁时，面露难色。国王的一部分生活将会是苦楚的。

"请喝酸牛奶，"祭司说道；王子就喝了一口，艰难地咽了下去。爽口的牛奶会变酸，曾经让人舒心的形势和臣民也会变得可憎而且闹心。

"请披上旧袍子，"祭司说道；王子就穿上了一件破旧的外套，波斯雄才大略的君主居鲁士曾经穿过它。让新君穿上先王的旧衣，人们希望他能够像居鲁士一样一展抱负。

庙宇的廊道里传来一阵呼喊声。

"叛乱——叛乱，陛下，有人想谋杀你。你弟弟塞鲁斯藏在厢房里，他准备刺杀你。"

护卫和王公纷纷抢入厢房，将年轻国王的弟弟拖了出来。当宝剑架到他脖子上的时候，太后扑过来抱住了塞鲁斯（她偏爱幼子胜过长子），长长的头发披散在他的肩膀上；在太后长发的掩护下，护卫不敢下手。国王宽恕了塞鲁斯，但派遣他到沿海的吕底亚行省，统治那座海滨城市。

我真希望这位国王的名字能够好读一点。他叫阿尔塔薛西斯（Artaxerxes），公元前405—前359年在位。

塞鲁斯一直觊觎王位，想当国王。对任何一位愿意出手相助的希腊人，他都许以重金。不久他就拥有一支由12000名盔明甲亮的希腊人组成的军团，朝着他的国王兄长进军，此外，他还率领了由波斯人和其他亚洲部族组成的十万大军。

国王备受人民爱戴，他的慷慨大度让大家感到满意。比如，在他巡游的时候，人们纷纷献上贡品。一个人身无长物，就跑到河边捧了一捧水，将这至轻至微的礼物双手献给国王，而国王非常高兴，命令奖赏此人1000德里克（德里克是一种金币）。

塞鲁斯带领叛军进驻到著名的幼发拉底河。国王在平原上挖了一道壕沟，以阻止马匹和军需品通过。壕沟伸展50英里，但却没有接上河流。壕沟的终点与大河之间尚留有20英尺的宽度；国王的军队认为这点距离不值得驻兵防守。塞鲁斯的军队就从这里穿过，并与国王的大军对峙。战争终于打响。塞鲁斯率领骑兵，径直冲向波斯军队，斩杀了一位正要向他投标枪的贵族，并将国王打落马下。国王胸部受伤，引军后撤。叛军王子乘势追击，并向波斯军队喊道：

"闪开，奴才，闪开。"

但是，一根长矛刺中了他的前额，塞鲁斯随即跌落马下，有人冲上来杀了他。国王得到消息时，天色已晚，他派出30人手持火把寻找塞鲁斯的尸体。同时，他也喝了一点行潦之水，感到精神焕发。他应该是太渴了，说自己从来没有喝过如此醇厚的美酒；并给那送来脏水的人一大笔财物。对那些施惠于我们的人表示感恩是善良且正当的行为；但我觉得波斯国王在行赏的时候，有点缺乏节制。我的意思是说，他出手太阔绰了。

当然，你可能会想，那些希腊人的结局如何。他们不愿意向波斯人投降，就撤走了，在上千英里的土地上行军，穿行于山林之中，或为烈日炙烤，或为风霜侵袭，还受到原住民日夜不休的骚扰，最终他们来到了一座山前。先行登到山顶的人向众人挥手喊道：

"萨拉塔！萨拉塔！萨拉塔！"

听到这喊声，落在后边的人也加紧脚步，等他们登顶之后，也开始喊：

"萨拉塔！萨拉塔！萨拉塔！"

希腊语"萨拉塔"的意思是指大海；他们看到了黑海，知道沿岸的城市里都是希腊居民，他们会得到朋友的帮助，会有船只带他们回到远在故土的妻儿身旁。希腊人从波斯到黑海的行军被称为"万人大撤退"，色诺芬的《长征记》中对此事有记载，因为色诺芬是其中的一位将领，他生于公元前430年，死于公元前357年。波斯宫廷里经常会出现一些希腊人，但我觉得他们肯定会感到很不自在，因为希腊人是自由人，而波斯人却唯王命是从。波斯国王是专制君主，奴仆将其奉若神明。有一个登上波斯朝堂的人耻于对国王折腰，就故意丢下一枚戒指，俯身将它捡了起来；这样的话，他似乎也按礼节鞠了躬，但他告诉朋友说，自己只是要捡戒指而已。换是你面对这样的情形，你会怎么做呢？

我给大家讲过国王行赏是何等慷慨，我要再举一例。国王的一位希腊朋友病倒了，医生要求他多喝牛奶；而国王则吩咐留80头奶牛供朋友使用，不管他去哪里，牛也跟着。

阿尔塔薛西斯行赏之时虽然毫不吝啬，但当面对困境时，他自己却过着十分严苛的生活。有一次，他率军进入不毛之地镇压叛乱部落，那里瘴气弥漫、五谷不生，当地人靠野果生存。波斯军队食不果腹，只好杀死驴子和骆驼充饥，即便一个驴头，也售价不菲。国王给大家树立了一个好榜样。虽然穿金戴银，但面对行军之苦，他毫不退缩。国王肩负箭筒，手持盾牌；行至攀爬困难的崎岖山路，他就从马上跳下来，竭尽全力、气喘吁吁地徒步跋涉。当士兵看到国君与众人同甘共苦，就士气大振。最后，他们行至一片林木丰茂之地。这是王家园林，专供国王射猎游乐的。

冻得瑟瑟发抖的士兵彼此说道：

"若是能砍一些松柏,生一堆熊熊灼烧的营火,那该多暖和啊!"

国王下令说,园林的树木可以砍伐,用作柴火。当他看到伐木的士兵犹豫不决时,就拿起斧头,砍下了第一斧。于是士兵就依命而行,砍了很多木材,当晚甚是欢喜。

在波斯这样的国家,国王的生活不管多么尊贵,却始终不能高枕无忧。总有阴谋者试图致国君于死地。阿尔塔薛西斯不得不在卧室的墙上开了一道门,并用挂毯遮盖。夜里,行刺者进入国王的寝室,手执利刃走向床头。国王起身溜到挂毯后边,从秘密通道逃跑;扑空的行刺者被抓住,并遭到惩罚。阿尔塔薛西斯国王活到了94岁,这对于东方的专制君主来说,实在不同寻常。

在美国,就像在法国、英国、澳大利亚和其他国家一样,人们可以自由发表言论,进行公共集会,并按照自己的意愿选举议会议员或国会代表。这就是自由。在波斯,只有专制。我们想让世界上所有的民族都获得自由:

> 啊!奴隶们哀伤的心灵,
> 听!它们正在远方悸动!
> 我们带来救赎的光亮,
> 我们带来破晓的晨星。
> 我们给你们带来自由,
> 人世万般的美好,
> 无不以它为源头。

阿尔塔薛西斯二世墓中的浮雕

瘸子国王：阿杰西劳斯

"瘸子是谁？"

"斯巴达国王。"

"自恃强大的斯巴达人，想不到自己的国王会是个瘸子。"

"他是瘸子，却很勇敢：他像任何一个腿脚完好的人一样，随时准备参战。"

国王名叫阿杰西劳斯（Agesilaus），于公元前398年继位，并于公元前360年去世。他一生大部分时间都在同波斯人作战；因此，他需要带领希腊人乘船跨越海洋。有一次，波斯将军提议进行一次交谈，或者会晤，为了这次同斯巴达国王的会谈，他选定了时间和地点。地址定在草地上的一个小树林中，阿杰西劳斯带着几位朋友先到，就坐在了树荫下的草地上。以绿草为衽席，斯巴达人感到舒适而又自然。当波斯将军到来后，奴仆将毛毯和坐垫铺在地上，以便主人在会谈中使用。当他看到斯巴达人席地而坐时，这位将军羞于流露出对于精美坐垫的喜好，干脆也坐在了地上。

与波斯相比，距离斯巴达更近的民族也在威胁斯巴达，国王阿杰西劳斯再次出海作战，并带领军队返回祖国，穿越山地，跨越河流，也经过了很多敌人的城镇。

他竭力开疆扩土,而不是苟且偷安,满足于保持国家的现状。最终,他一路拼杀,成功地返回到斯巴达城,并再次住进了自己朴实无华的宫殿之中。房屋是简陋的,家具是简陋的,即便他女儿的装束也是简陋的。国王家的大门可以证明,国王毫无浮华之气,据说,国王宫殿的大门经历了700多年的风雨,一仍其旧。

国王不喜欢显摆和炫耀。有人邀他去听一个机灵鬼的口技,口哨吹得跟夜莺的声音一模一样,让人误以为是这种可爱的小鸟在丛林中歌唱。然而,国王回答说:"谢谢,我不去;我更喜欢听真实的夜莺。"

还有一次,一个医生对于人们奉送的称号洋洋自得。人们叫他朱庇特,因为他医治了很多人的疾病。你当然知道朱庇特是众神之王。一天,这个愚蠢的人写信给阿杰西劳斯时这样说道:"医生朱庇特祝国王陛下身体健康。"国王回信说:"国王阿杰西劳斯祝医生朱庇特头脑健康!"

阿杰西劳斯的居家作风也非常朴实,他经常跟小儿女一起玩耍。一个贵族去拜访他,打开了国王家的育婴室的门,惊奇地看到这位称雄天下的斯巴达国王将一根拐杖当马骑,并在屋子里撒丫子狂奔。

"你做父亲了吗?"阿杰西劳斯问道。

"还没有,陛下。"

"那就等你有了孩子再说吧,等你有了自己的孩子,你就会明白。"

在随后斯巴达与希腊其他城邦的战争中，阿杰西劳斯的国民总是随行参战；但他们抱怨说自己打仗太多了。这种说法出现在斯巴达与盟友之间的一次大会上。于是国王请大家坐下，并让喊话人，或者叫传令官，召集所有行业的人都站立起来：

"搬运工，起立！"

他们就站了起来。

"铜匠，起立！"

他们就站了起来。

"木匠，起立！"

他们也站了起来；接下来是泥瓦匠等。但却没有一个斯巴达人站起来；因为斯巴达人是不干体力活的，这些劳动全都留给了奴隶，也就是希洛。

国王笑着说：

"看到了吧，我的人民唯一要做的就是战斗，而其他的人民则从事各种各样的手艺，因此我认为，让斯巴达人参加战争，没什么不公平的。"

当然，作为对抱怨者的回答，这并无不妥。但我觉得很遗憾，因为斯巴达这样一个出色的国家居然除了战争艺术之外，没有任何产业。搬运工、泥瓦匠、铜匠、木匠等人，我们拥有得越多越好，而战士则是越少越好。

斯巴达人对自己的战斗勇气和才能是如此自负，以至于他们鄙视那些带来战败消息的人。实际上，这种消息是很少听到的。那些从战场上败逃归来的人被称为"腿抖人",腿抖人必须穿花花绿绿的补丁外套,并且只能剃半边脸的胡子。

在同底比斯人的一场激战中,斯巴达人被击败。当消息传来,斯巴达城的人们正在进行运动会,在露天剧院赛跑或是摔跤。市政官稳坐剧院,并没有要求终止运动会。赛跑结束了;所有赛程都结束了,人们只是寻求欢乐,似乎对其他的一切毫不介意。第二天,那些战死沙场的人的姓名被公布后,失去儿子、兄弟或朋友的人行走在大街上,无不面带笑容、心情愉悦;而那些没有失去亲朋的人反而把自己关在家里不出门,似乎是在哀悼一样。你看到了吧,斯巴达人因儿子为祖国捐躯而自豪,战死沙场是一件极其荣耀的事情。但在上面提到的那次战斗中,弃阵逃跑的"腿抖人"太多了,以至于市政官不敢让他们穿补丁外套。不久后,敌军就出现在斯巴达城外,并点燃了城外的屋舍。据说,六百年来,斯巴达城外的土地从来没有被敌军践踏过。妇女从城墙上向外张望,看到村庄上空升起的浓烟,心中禁不住感到恐惧。阿杰西劳斯保持高度警惕。他让斯巴达人固守城池,拒绝被诱出战;底比斯人最终撤军。

国王一度面临来自内部的威胁。一支200多人组成的党徒在神庙前聚拢,准备反叛。该怎么办呢?国王运用了智慧,他想到一个办法,只带一名随从来到庙门前,并大声说:

"你们搞错了。我指定的集结地并不是这里。你们几个要向那个位置驻防"（他指着右手边的某个方位），"而你们几个要到这个位置驻防"（他指着左手边的某个方位），"剩下的人去另一个地方。"

他表情坚定而且镇定，众人听从了他的吩咐，就这样，叛军被分散瓦解了。而后，他非常谨慎地逮捕了15名元凶，第二天晚上将他们处决了。不久之后，底比斯人卷土重来，但却被斯巴达人击退，敌军将领也在战斗中被杀，战争就此结束。

在阿杰西劳斯老年时——虽然已经80多岁——他依然喜欢亲赴战阵；在一位埃及王子的邀请下，他带领军队渡海去埃及，准备帮助这位王子对抗其仇敌。他这么做是为了赚钱，至于哪一方是正义的，他并不关心。有一大群埃及人在海岸边恭候斯巴达舰队。阿杰西劳斯登陆后，坐在草地上。当埃及人看到这个瘸腿小老头时，几乎无法相信这就是无数动人心魄的传说中的那位功勋卓著的著名将领。埃及人提供了丰富的食品。他只吃有嚼头的那些，比如牛肉和鹅肉，却不愿意尝馅饼和蜜饯。

"你们可以把这些东西给希洛（奴隶）吃，"他说道。

我不得不羞愧地告诉大家，最终，他并没有帮助这位邀请他跨海作战的王子；而是倒戈投奔王子的敌人，战争很快就结束了。但新的危险又出现了。一群叛军向着阿杰西劳斯和他的埃及盟友所占领的城市推进。叛军围城挖了一道沟，或战壕，几乎把整座城都圈了起来。阿杰西劳斯盯着他们的进展，却无动于衷，直到他们挖的壕沟几乎要连成一个圆。他突然率领士兵出击，径自杀向敌军；由于叛军挖的壕沟成了左右两翼的屏障，他们无法进攻阿杰西劳斯，而他恰好又省去了两边防守的麻烦。就这样，他轻松获胜。

战争结束时，他带了很多钱打算返航回到斯巴达。但一场寒冷的风暴把他的船吹回了非洲海岸，老国王心力交瘁，死于异国的海港。他的遗体被涂上香料、敷上蜂蜡，带回了斯巴达。

我禁不住要崇拜斯巴达人的勇敢和坚强；虽然如此，我们必须记住，他们没有留给后人著作、诗篇或是绘画，也没有任何漂亮的建筑，这与雅典迥然不同。斯巴达人只爱战争带来的荣耀。

烈士国王：亚吉斯

"那个年轻人的披风很普通，但他走路的样子却很庄严，不像个普通人。他是谁呢？"

"他是国王。"

"他的衣着好简朴啊！他怎么不像其他国王那样，穿金戴银、服饰华美呢？"

"也许他想让我们过一种简朴的生活，就像我们的祖先那样。"

这是两位斯巴达公民之间的对话。

是的，那正是国王亚吉斯（Agis）的目的。他于公元前244—前240年之间在位。就像我曾经讲过的那样，斯巴达人向来穿着粗布衣服，睡着硬板床，吃着粗糙的食物，并且把大部分时间花在运动或战争中。而今，古风已经式微。少数人特别富有，占有大量田产；而大部分人则肮脏贫穷，营养不良，身负债务。当这位年轻的国王看到国家的惨状，就想起了古昔时光，他渴望进行一场变化或改革。一天，他坐下与自己的母亲和祖母交谈。

"两位长辈都不穷，"他对她们说道，"如果愿意按照我的要求做的话，就可以给其他的富人树立一个高尚的榜样，他们也会效仿。"

"如何做？"

"我想让二位放弃大部分产业，而我也会这么做；如果富裕阶层都依样行事，就会有大批土地节省下来，用来实现我心中的目标。我会将土地分割成小块送给公民，这样的话，每个斯巴达人都会成为土地的占有者，可以在土地上种植谷物，享有收成。无业者将会有事可做，而游手好闲、无所用心的人，也会变得勤奋而又稳重。"

这两位王室的妇人认真地听着，她们的想法与年轻的国王一致，心中涌起一阵暖意。她们招来斯巴达的妇人，开了一次会议，并对她们说：

"我们要为了公民的利益而放弃自己的财产。请说服你们的丈夫，与我们保持一致，这古老的国家将再一次获得和平与满足。"

国王改革的消息传到穷人的耳朵里，众人一片欢腾；但在富人那里，却个个心中不忿，他们觉得自己会丧失土地、财富和安逸。斯巴达的惯例是选举两位国王，而不是一位。亚吉斯是年轻国王；而列奥尼达斯（Leonidas）则是年长国王，他站在了富人阶级那边；结果，国家分裂了。起初，亚吉斯占得上风。列奥尼达斯逃亡之后，他的女婿，一个王子，就取代了他的位置。由于这个女婿的希腊名字非常难读，我们就简称他为"王子"吧。

有一天，一大群斯巴达人聚集在市场观看焚烧债券。

债券是为了借债而留下的纸条。如果你欠我一笔钱，并同意在纸条上写下自己的名字，以便日后偿还，这张纸就成了债券；如果我毁了债券，就等于取消了债务，你也就没有还款的义务了。国王命令持有债券的人都到市场上，将债券焚烧。债券被投入火焰之中，听着债券的燃烧，看着跳动的火苗，人们兴奋地欢呼起来。但放债人和持券人却满脸愁容，内心苦楚难耐。亚吉斯放弃了自己的耕地、牧场和钱财，分给人民使用。他的母亲、祖母以及一些朋友也纷纷放弃了财产。但很多富人都在观望。他们不愿意自己的财产被剥夺。

当时，希腊的其他地方发生了战争，国王亚吉斯曾许诺要出兵帮助其中一方。于是就率领一支由斯巴达年轻人组成的军队开赴战场。在行军中，他严禁士兵伤害途经村庄的任何人，或是掠夺财产。然而，就在他淹留在外的这段时间里，富人开始造反，他们请列奥尼达斯回来做国王。亚吉斯回国时发现，此事木已成舟，无法更改。"王子"和亚吉斯因此陷入了危险之中。两人分别躲进了神庙。一队敌军包围了神庙，并严加看守。谁也不能在神庙中杀人，但若是这人从神庙中走出来，别人就可以取他的性命。

我们先说"王子"的情况。他的妻子得知他身陷危难，就带着两个孩子匆忙赶往神庙，坐在丈夫的身旁。卫兵告诉了列奥尼达斯，他也来到这里，见到了自己的女儿；她的长发披散在肩上，穿的衣服则是哀悼的丧服。

"父亲，"她哭道，"在你被流放的时候，我跟随着你，在你陷入困境的时候，我尽力安慰你。而现在，身陷困境的是我的丈夫。我不能不伤心，不但作为一个女儿而伤心，也作为一个妻子而伤心。但我告诉你，我绝不会眼睁睁看着自己的丈夫被杀，在你杀他之前，我会自杀。"

说完这些，这位女士把头靠在了丈夫的肩膀上，而两个孩子也为他们的父亲而痛哭。列奥尼达斯被感动了，他同朋友耳语了一阵儿，然后命令"王子"携妻儿离开斯巴达。这位女士抱着一个孩子，让丈夫带着另一个孩子，四人一起走出神庙，开始了流亡生涯。

接下来要说亚吉斯的结局。列奥尼达斯捎信给他，言语恳切，说是希望亚吉斯出来与他共掌国政。亚吉斯对这些甜言蜜语并不相信；但这位年长国王许诺，亚吉斯每天都可以安全地离开神庙到街头的浴室去，亚吉斯便轻信了他。有好几次，亚吉斯去了浴室并安全返回神庙，他开始放松警惕。他的三个朋友在路上迎接他，并谈一些欢快的话题。但他们心怀诡诈。为了取得列奥尼达斯的欢心，他们阴谋逮捕这位年轻的国王。一天晚上，夜幕已经降临，他们像往常一样陪伴亚吉斯步行去浴室，一路上边走边聊，走到了街头通往监狱的一个拐角处。突然，其中一人用披风蒙住了国王的头，另外两个人则扭住了国王的胳膊。又有一些人冲出来，这帮人将亚吉斯拖入了监狱之中。坚实的大门打开了，又迅速关上了。监狱由一群士兵把守，以免民众试图解救被囚禁的国王。

随后，五位市政官来到了牢房。他们在灯光下审判了这位王室囚徒。审判非常简短。他们只是匆匆问了几个问题。而最后的一个问题是：

"你为自己在斯巴达的所作所为而感到后悔吗？"

"不，绝不后悔，"英勇的国王回答道。"面对如此辉煌的改革方案，我从未后悔，哪怕是面对死亡。"

五位法官宣判处死亚吉斯。军兵带他进入了一个小房间，一个他再也没能走出来的地方。此时，成群的人聚集在监狱外，在黑夜中挥舞着灯笼和火把，期待得知国王的消息。天啊！亚吉斯死了。他已经被绞杀。在处死他之前，一个军兵哭了起来。

"我的朋友，"亚吉斯说道，"不要为我哭泣。我没有干任何坏事，比起那些用卑鄙手段待我的人，我更幸福。"

牢门打开，国王的母亲和祖母走了进来。她们匆匆赶来，希望能够及时挽救至亲之人的性命。老祖母第一个进去，来到了监狱的内室。

而后是国王的母亲。她进来后，不但看到了儿子的尸体，也看到了年迈的婆婆的尸体。她跪下来，亲吻了亚吉斯，说道：

"我的儿啊，作为这个国家的国王，你太过诚实，太过宽厚了。"

"如果你赞成你儿子的行为，"有一人（他是去浴室的路上逮捕国王的三位背叛者中的一位）叫喊说，"你也分享他的结果吧。"

"但愿这一切都有利于斯巴达"，王太后叹息说。

国王的母亲即刻被处死，三具尸体被带出监狱，呈于众人面前，人们惊恐不已，各自回家去了。

亚吉斯因为竭力改革斯巴达的现状而被杀。他为国家的利益而求索，却被判处死刑。因此，我称他为烈士。他死于公元前240年，距今已经有2000多年的时间了。然而，你会看到，世界并没有遗忘这位年轻的国王和这两名斯巴达女士，更不会忘记他们心系祖国的高尚情操。他们为人们的未来指明了方向，虽然未能亲自到达那幸福之地。当我们纪念亚吉斯和两位勇敢的女士时，似乎看到四周洋溢着光明——他们的善行所散发的光亮：

> 不要对我说，烈士的心灵已经死去，
> 他们的生命，以高尚的志趣为羽翼；
> 他们虽然离去，却又矢志不渝，
> 他们不仅会征服，也会顺应天理。
>
> 如此可得永生；他们超越了时空，
> 并让整个世界，都闪耀着光明，
> 升华的生命，从此不同，
> 皆因人们缅怀他们的伟绩与丰功。

（马尔科姆·奎因）

英勇的底比斯救星：佩洛皮达斯

"你照顾自己不周。你没尽到义务。"

"这是怎么说的啊？我不但照顾了妻儿，也同样为国家服务。"

"是呀，但你没有得到你该得的钱。"

"钱？哦，不需要太多钱，我照样能活。那种人需要钱，又瘸又瞎的人需要钱。"

这位如此轻视金钱的人是著名的战士佩洛皮达斯（Pelopidas），他生活在希腊城邦底比斯。佩洛皮达斯体格健壮，喜欢与别人在摔跤场角力，或是在树林中捕猎野猪和鹿。他心灵高贵，总是乐意帮助那些受到委屈或遭遇苦难的人。

公元前379年，一个斯巴达军团突然攻入底比斯，并成为该城的主人。他们这么做，乃是出于某些底比斯贵族的邀请，这些贵族希望在斯巴达力量的庇护下统治城邦。当时佩洛皮达斯尚年轻。他与一些朋友被迫逃离底比斯，因为他们站在平民的一边，而那些不义的贵族正想取他们的性命。佩洛皮达斯心如火焚，急切地想要解放底比斯城，就对流放中的同伴们说：

"当我们热爱的土地被邪恶的统治者占领的时候，我们不能袖手旁观。为底比斯赢回自由，是我们的光荣。我要解救自己的母邦,谁愿意跟我去?"

大家表示愿意共赴国难。首先,他送密信给一个叫查荣(Charon)的公民,此人承诺大家到底比斯后可以住在他家里,以准备对暴君发起攻击。一群年轻的底比斯人开始向着城邦进发。但让这么多人同时入城,显然不够明智,于是,前边的12个人就穿上村民的便装,带上狗和围猎的木棒,就像正在追逐野兽一样。他们的朋友查荣在城中等待。然而,有一位知晓这一计划的底比斯人感到害怕,他特意嘱咐一位朋友骑快马去给佩洛皮达斯报信,警告他们不要继续前行,因为风险太大了。送信人匆忙回家准备套马鞍,但却找不到马鞍在哪里。

"嗨!嗨!"他对妻子叫道,"马鞍在哪儿?立马给我拿过来。"

"我不知道你的马鞍在哪儿,"她回答说。

"你怎么会不知道?我等着用呢,必须立刻动身。到底在哪儿呢?"

妻子对他的回答很不客气,他又非常粗鲁地顶了回去。接着她的姐妹和家仆都出来了,他们一起嚷嚷着:

"怎么能这样粗鲁地对妻子说话,就为了一具混帐马鞍吗?"

时间就这样过去了,而消息始终没有送到。

此时,12名"猎人"(其中一位是佩洛皮达斯)已经进入城中,并未引起特别的注意,当时刚刚下过一场雪,大家都乐意待在家里。不久,"猎人"和他们的朋友就在查荣家聚齐，一共48人。夜晚时分，他们披上胸甲，配上宝剑，但查荣家忽然传来了咚咚的敲门声。

"谁呀？"

"底比斯的几位首领派我来的，"一个声音说道，"命令你，查荣，立即去面见他们。"

大家顿时觉得图谋已经败露。有些年轻人疑惑地看着查荣。可以相信他吗？他会出卖大家吗？查荣从众人的表情中读懂了大家的疑惑，他把自己的小儿子领了过来，将孩子交给了佩洛皮达斯。

"这是我儿子，"他说道，"如果你们发现我背叛了大家，就可以取他性命。"

有些人落下了眼泪，哭着说：

"不必了，不必了！将孩子送到安全的地方去吧，不然，暴君不会放过你们。"

"让我们父子，"他回答说，"与诸位一起为底比斯赴死，是命运最好的安排。"

此时，有来自雅典的书信警告底比斯的暴君，要他们提防佩洛皮达斯的行动。但暴君酒兴正浓，享受着宴席与歌舞，收到这封来信的时候，他完全懒得看一眼，只是说：

"有事明天再说！"

啊！明天再说！就这样，他把今天当办的事情拖到了明日，而当查荣到来的时候，他并不知道自己应该盘问些什么。只好说，风闻有阴谋者来到了查荣家里。查荣回答说，事事都听信传闻是不明智的，于是这位暴君就放走了他。此时，门口传来了喧闹之声，歌唱声夹杂着欢笑声，一群舞女涌了进来，头上戴着松树枝和杨树叶编织的浓密花冠。宴席上的人们鼓掌欢迎，期待着即将上演的娱乐节目。但这些假扮的女人脱掉了外衣，手持利刃奔向这些座上宾，宴饮变成了杀戮。人们手持火把，在大街上狂奔，不知道到底发生了什么。城内的1500名斯巴达人手执兵刃，却不敢贸然出动；第二天，城池被底比斯人团团包围，斯巴达人决定放弃据守，只要允许他们返回斯巴达。双方达成协议，斯巴达人就此离开底比斯，所有的公民都感戴佩洛皮达斯和他英勇的朋友，因为他们恢复了底比斯的自由。此后，佩洛皮达斯指挥了多次军事进攻，打击斯巴达军队和他们的城池，原先慑于斯巴达勇士之声威的城邦，现在开始将佩洛皮达斯视为帮手和救星。

其中一个城邦是色萨利，它处于一个名叫亚历山大的暴君的压迫之下。这个野蛮的国王会活埋那些惹怒他的人；或者是给他们披上野猪皮和熊皮，并放猎狗将他们撕咬至死。矫健无畏的佩洛皮达斯带领一群底比斯勇士向暴君问罪，他一到来，这位暴君十分惶恐，没有做丝毫抵抗，就谦卑地给佩洛皮达斯鞠躬，并表示愿意遵从他的吩咐。但不久之后，亚历山大再次迫害自己的人民，而佩洛皮达斯几乎是只身赴虎穴，警告暴君要停止自己的罪行。亚历山大看到他没有带侍卫，就逮捕了这位高贵的底比斯人,并将他投入监狱。但他不敢杀死佩洛皮达斯。

佩洛皮达斯坐在牢房之中,这时进来了一位女士,盯着他苍白的面容和凌乱的头发看了一阵儿,然后轻声说道:

"我为你妻子感到难过。"

"这位为我妻子难过的人是何许人士?"

"我是王后。"

"我为王后感到难过,"他说道,"因为你是一位残忍暴君的妻子。"

他很快就发觉,王后也为丈夫的罪行而感到可耻,希望他终止自己的邪恶。

佩洛皮达斯的朋友前来营救他,随着军队的逼近,亚历山大释放了他的囚犯,希望双方和解。

此时,希腊各城邦正要派遣使节去拜见波斯国王,佩洛皮达斯被推举为底比斯的代表。见到勇敢的佩洛皮达斯,波斯国王比见到其他任何代表都感到高兴。国王通常会给使节赏赐礼物。比如,他曾给一个雅典人许多金银,大床和造床的木匠,80头牛和放牧人,一个坐轿和抬着他四处走的轿夫!当国王问佩洛皮达斯想要什么的时候,他回答说:

"我想要所有希腊人都得到独立和自由。"

就这样,佩洛皮达斯是为人民的利益而求索,却没有考虑自己的需要。

公元前364年，色萨利人再次捎信来，请求佩洛皮达斯抗击亚历山大。当佩洛皮达斯就要出发的时候，出现了日食，白昼如夜。但他并没因此而延误行程，而是驱驰前进。亚历山大在山谷中迎战佩洛皮达斯，两边山势陡峭。底比斯骑兵击退了敌军。但亚历山大的士兵开始往山坡上攀登，底比斯士兵紧随其后；在悬崖和岩石之间，战士们一边爬山，一边搏斗。当佩洛皮达斯看到暴君亚历山大的时候，他冲出队伍，直奔对方而去。标枪像雨点一般从空中飞来，佩洛皮达斯倒地身亡。佩洛皮达斯的战士取胜之后，色萨利人恳请能够有幸为这位高贵的朋友举行葬礼。战士和民众聚集在遗体前，怀着沉痛的心情悼念他。人们剪了头发和马鬃，以示对这位慷慨的底比斯人的哀悼，他再也不能挺身而出，为被压迫者奔走了。

该说说亚历山大的结局了。一天晚上，他在王宫中睡觉，门前有一条恶狗把守，随时准备扑向除了主人、情妇和喂狗的奴隶之外的闯入者。王后先让奴隶把狗带走，然后把羊毛铺在梯子上，用来消除脚步声。她还从丈夫的枕头边取走了宝剑，并将它出示给她的三位兄弟，请他们进入暴君的寝室。他们走上梯子，却因为害怕而停了下来。王后提着一盏灯笼，严厉地命令他们进去。他们冲进去手刃了暴君。的确是杀了他！不得不用死亡来惩罚作恶者，这是件很无奈的事情。但残酷永远是可恨的，而正义却是光荣的，穷苦之人必须得到解救。

叙拉古的弑君者：迪昂

"陛下，你的胡子又长了。需要剃掉吗？"
"不！不！不！跟以前一样，还是拿火炭来吧。"
"遵命，陛下。"

仆人拿来了烧红的木炭，将国王下巴上的胡子给燎了。国王害怕自己的对头会收买理发师，用剃刀杀死他；因此，他从来不用剃刀。几乎没人喜欢这个国王，他就是老狄奥尼索斯（Dionysius），生于公元前430年，死于公元前367年。他曾经是一个小胥吏。后来一步步攀登到权力的顶峰，住进了王宫，俯视着西西里岛叙拉古①港的蓝色海水。像这样没有经过人民的同意而攫取权力的人被希腊人称为化零为僭主。

"你的兄弟就在门口，陛下，希望见你一面。"扈从说道。

"脱掉他的衣服，"国王回答说。护卫就脱掉了亲王的衣服，并搜查可能会用来伤害国王的匕首或武器；换了一套新的衣服之后，亲王才被允准进入国王的寝室。由此

---

① 叙拉古，又译锡拉库萨，古代希腊世界的城邦之一，位于今天的意大利西西里岛东部，当地历史上最杰出的名人是阿基米德。

可知，这位暴君十分多疑。

一次，国王的一个兄弟同国王谈到某处的一项方案，打算在地上画出轮廓来，就像你用铅笔在纸上画出草图一样。

"把长矛给我，"亲王对身边的卫士说。然后他拿着长矛在地上勾勒出了方案图。但暴君却坐在那里，局促不安，恐怕长矛会刺向自己的胸膛。亲王离开之后，国王立即处死了那位士兵。

有时候他也不杀人，而是把他们带到下面去。囚徒被领着走下黑暗的长梯，穿过坚硬的石头砌成的狭长通道，最后进入囚室之中，那里暗无天日，死一般沉寂。

暴君有两个妻子；其中一位妻子的兄弟叫迪昂（Dion），他是一个勇敢而又智慧的人，竭力要阻止国王的罪行。他经常与国王谈话，试图让他的心肠变得仁慈。最后，他对国王说："雅典有一位学识渊博的人，我在他那里受益良多，我相信你也会喜欢他的见解。要不我派人请他来见你一面？这位哲学家举世闻名，他就是柏拉图（Plato）。"

"请他来，我愿意见见，"国王回答道。

柏拉图同意去叙拉古城，于是乘坐帆船横渡地中海。国王在大理石宫殿中迎接他，而柏拉图发表了一番谈话，认为无论是国王还是劳动群众，都应该有自己的行为之道。在谈话结束时，他说：

"由此可知，陛下，那些行为正义的人，可得心灵的宁静，而那些行为不合乎正义的人，则是不幸福的人。"

"好！太好了！"听众高喊道。

"我并不欣赏你的教导，"国王说。"你这话有何用？你来西西里是想干什么？"

"是想寻找一位诚实的人，"柏拉图回答说。

"我想，你会觉得自己白跑了一趟，是吗？"国王冷笑道。

不久，国王通知柏拉图，西西里岛不愿意再见到柏拉图，他最好返回雅典。船长——一位斯巴达水手——走近柏拉图，告诉他说国王下令送他回雅典；柏拉图就登上了这个斯巴达人的船。国王曾密令船长半道将柏拉图卖为奴隶。国王说，"既然他说正义的人，无论自由与否，都一样幸福，那么，让他做奴隶或是自由人，也就没有什么分别"。在希腊海港的市场上，柏拉图被卖为奴隶，售价100元。然而，一位朋友碰巧经过，就把柏拉图赎了回来，并送他安全回到雅典。

迪昂改变国王性格的计划付诸流水。公元前367年，暴君卧病在床，要求医生给他一剂安眠药——一种可以缓和情绪且有助睡眠的药物。他们就加大剂量。暴君喝过之后，再也没有醒来。

国王的儿子小狄奥尼索斯登基继位。在他年少时，国王始终把他带在身边，以免他博得民众的好感，被众人利用去篡夺王位。小王子靠做木匠活儿消遣，他做了一些小马车、烛台、桌椅等。老国王死后,新国王的朋友们聚集在宫殿中大摆筵席,人声鼎沸、弦乐袅袅,狂欢了 90 天。众人通宵达旦,尽情狂饮,步履蹒跚的朝臣头戴玫瑰花冠,在王宫漂亮的大理石道上左摇右晃。有一个表情凝重的人时常出现在这种喧闹的场合,并叹息着离去。此人就是迪昂。

　　迪昂又想到了柏拉图,看到年轻国王情绪平稳的时候,就劝说他邀请雅典的智者再次到西西里岛来。柏拉图应邀而至,并由国王自己的马车一路从海港接到王宫。在同国王谈话时,柏拉图尽力让他的思想提升到更高贵的事物方面,而不是美食美酒和狐朋狗友。国王和他的一些伙伴决定要做出一番改变。他们想要学习科学,比如几何学(或者叫测量的科学),于是开始学习欧几里得的教程,就像大学和小学今天教孩子们的那些内容一样。这些年轻人对这种新的学问如此热衷,以至于王宫的很多房间中都能够看到成群的人在大理石地板上铺上沙土,并在沙土上书写欧几里得算式。不管走到哪里,都能看到方形、圆形和三角形;也能听到这些年轻的贵族高声说,"这条线与那条线平行",或者"这个角与那两个角相等",如此等等。

　　学习的乐趣并没有持续多久。迪昂成了国王的眼中钉,并被驱逐出西西里。柏拉图待了一段时间,但国王对他越来越怠慢,最后,还暗示要他离开。就在柏拉图离开之前,一次小狄奥尼索斯与之共同饮宴,国王说道：

"柏拉图先生，我想，如果你回到雅典，就会在朋友面前把我所有的过错都抖出来，并把我的性格批得千疮百孔。"

"陛下，"柏拉图回答说，"我想我们会有很多话题谈论，而不是你。"

不久柏拉图就返回了希腊。① 此时，迪昂为国家的混乱而愁闷不已，他希望能够赶走暴君，给叙拉古的公民一个自由的政府。他把自己的想法告诉了那些被流放的朋友。有800人在希腊聚集，准备进军到西西里，将自己的国家从压迫者手中解放出来。

此时是仲夏时节，月亮正圆，每天东风吹拂，他们需要东风吹送他们尽快跨越海洋。800名爱国者披上闪亮的甲胄，来到了阿波罗神庙，祈求太阳神保佑他们此次的冒险。第二天晚上，出现了月食，战士们在一团漆黑之下感到不安。迪昂的一个朋友解释了这个符号或者兆头的意义。他说，明月就是叙拉古的暴君，而迪昂就是那片黑暗，遮蔽并隐藏了暴君的荣光！他们又听说，在叙拉古有刚生下来的小猪没有耳朵。迪昂的朋友解释说，这说明城中的人们将不再听从暴君的律法或命令！

迪昂的舰队行驶到空旷的海面。除了800人所使用

---

① 从此以后，"叙拉古之惑"作为典故就成了对知识分子投射政治的嘲讽。

的武器之外，船上还携带着成堆的盾牌、标枪和梭镖，准备登陆后发放给新召集的士兵使用。西西里的山崖近在眼前。但此时忽然出现了强烈的风暴，夹杂着雷雨和闪电，北风将船只吹向了非洲，倾盆而下的大雨将爱国者浇得浑身湿透。一会儿舰队差点撞上礁石，一会儿又差点搁浅在沙滩上。平静的天气终于来临，在晴朗的天空下，迪昂的船只再次出现在西西里海湾的沿岸。800名士兵登陆后，迪昂吩咐说，刚刚结束如此艰辛的航行，大家可以稍事歇息。

"不！不！"众人喊道；"即刻带领我们去叙拉古城。"

迪昂听从了大家的请求。他们把所有并非急需的包袱都放在一旁，斗志昂扬地开始进军。不久就有很多西西里人加入迪昂的队伍，一共添了有5000员兵力。

"自由！自由！"他们一边行军，一边高呼口号。

"自由！自由！"当他们看到叙拉古的高塔、坚固的城堡和海港中的船只时，他们也这样喊着。

人们高兴地跑到城门口，身穿白衣，对迪昂的军队表示热烈欢迎。

迪昂穿着闪耀的盔甲，进入了叙拉古城；左右分别站着两位朋友，都带着花环；还有100名外邦的士兵跟着，作为他的护卫，其余的士兵则兴奋地尾随其后。人们高呼着"自由！"他们已经忍受了两位暴君长达48年的残酷统治。

一声号角之后，大家安静下来，传令官对人们喊话说，叙拉古城现在可以拥有一个自由的政府了。然后，迪昂登上了日晷楼——你知道，日晷是一块木头或石头，其中有突出的部分，可以投下阴影以便于确定时间——的顶层，众人站在下边倾听，他恳请大家说，当暴君小狄奥尼索斯从意大利返回时，当暴君的士兵从卫城中杀出时，所有人一定不要意志动摇。这个卫城是一个坚固的要塞，由这个坏国王豢养的人所把守。

在卫城的周围，迪昂构筑了防御工事，他的士兵可以从工事后面向要塞投石或射箭。要塞中的士兵一涌而出，进行突袭，很多公民都吓得逃走了。迪昂被裹胁在汹涌的人流之中，他的头部被一支长矛刺伤了。从战斗中退下之后，虽然头还在流血，但他却骑马在大街上奔走，请求所有的人速去协助那些正在攻打要塞的人们。敌军死伤惨重；第二天，叙拉古人用金冠为迪昂加冕。

但迪昂并不是唯一的领袖。海港还停泊着一支帆船舰队，并由一位勇敢的元帅统领，他比迪昂更受人们的欢迎。这位元帅竭力用漂亮的言辞和动听的承诺，来获得公民的爱戴。他甚至说要平分所有的土地，很多穷人一听到这个主意就感到兴奋，决定支持这位元帅。此时，国王小狄奥尼索斯已经从意大利返回，由于害怕被活捉，他仅在卫城中逗留片刻，就偷偷带着金银财宝溜走了，再也没有回来。

公民们聚集在一起，准备选举25人作为市政议员。就在他们要举行选举的时候，一场极为可怕的暴风雨降临了，几乎无人敢在街头行走。当人们终于聚集起来的时候，新的恐慌让大家不安。一头牛，之前一直在大路上安安静静地站着，忽然脱缰而去，冲着人群疯跑；人们都将此作为凶兆看待——认为不祥的事情要发生。他们并没有推举迪昂主持议会，而是选择了那位元帅。迪昂看到叙拉古又笼罩在阴霾之中，他和他的追随者就决定离开这里。但一些叙拉古人却想攻击他。而迪昂并不想与自己的同胞作战。他用手指着那黑漆漆的卫城，自由之敌正从那里的壁垒上向外张望。

"敌人就在那里。难道要他们看着我们自相残杀吗？"

这群乌合之众不听劝告，汹涌而来。迪昂只好吩咐士兵，行进时要敲打武器、表情凶悍，但不要动手；这群人马上吓得逃跑了，即便是从窗户中眺望的女人，也禁不住嘲笑乌合之众的落荒而逃。

迪昂和他的部队就在城外一个地方驻扎下来，而缺少了迪昂的叙拉古城的命运更为惨淡。暴君派来了一支舰队，装满了军需品，准备给卫城中的守备部队运送补给。其中有四艘船被叙拉古城的公民夺取，他们喜出望外，大肆庆祝，唱着得胜的歌曲，醉卧大街之上。暴君的舰队首领看到城中的混乱，就率军登陆，杀死了很多人。一群吓得哆哆嗦嗦的妇女和儿童被拖到卫城的门口，全部都成了战俘。叙拉古人在悲愤中聚在一起，面面相觑，陷入了绝望之中。忽然有声音喊道：

"去找迪昂!"

啊!去找迪昂!他们曾经愧对这位爱国的领袖,而今又渴望他勇敢的臂膀去抗击敌人,并再度还叙拉古城以自由。有七个人来到了迪昂的营地。他们来到时天色已晚,借着傍晚的营火,心情沉痛的信使将城中发生的灾难告诉了迪昂和他的朋友。迪昂站起来想要说话,但他却一个字也说不出来,眼泪顺着脸颊滑落下来。最后他说道:

"弟兄们,刻不容缓。我们热爱的城市就要消失了。即便我不能挽救它,至少我也要赶回去,死在祖国的废墟之下。"

全军发出一阵高呼,随时准备进军。

"都先回帐篷去,"他们的司令说道,"振奋精神,然后集合,每人都要穿上甲胄,今晚,我们就进军叙拉古。"

在迪昂到达之前,暴君卫城中的士兵再次冲出。更多的公民被杀死在大街上;更多的房屋被点燃。当迪昂得到消息,他和他的士兵不像是行军而是飞奔前进,赶到房屋被点燃的街道。然后就听到了人们欢迎解放者的欢呼声,他们因为看到了曾经被他们驱逐的迪昂而兴奋不已!敌人很快又退缩回卫城之中,而迪昂也再次成为叙拉古的首领。

"现在,"他的一些朋友说,"现在正是时机,可以惩罚那些反对你的统治的坏人。"

"不能这样，"迪昂回答说；"仅仅对有品德的人表现仁慈是不够的——我们应该原谅那些伤害过我们的人。"

很快，卫城外被破坏的工事又修好了，卫城再次被包围起来。要塞中的人几乎要饿死。他们的首领表示愿意投降，条件是他和家人可以乘五艘战船离开。迪昂接受了他们的投降。一日，所有的公民都聚到港口的海岸边，观看五艘战船的起航，美丽的西西里岛重获和平。叙拉古自由了。

我真希望故事到此结束。但我不能只讲光明的一面，也要讲讲阴暗的一面。那位元帅依然妒忌迪昂的权力，并且蛊惑了一部分人，拒绝服从迪昂的统治，虽然迪昂曾经挽救了这座城市。一天，一群人冲进元帅的家里，杀死了他。据说迪昂知悉他们的意图，而且默许了。他对此事当然会感到不安。良心告诉他，他原本可以阻止此事的发生，但他却没有那么做。一天晚上，当迪昂在房外散步时，他心绪不宁，仿佛看到复仇女神骑着扫把向他飞来。希腊人一直把复仇女神想象为三个可怕的巨人，她们通身漆黑，眼睛里淌着血，头发上盘着蛇；她们撑着巨大的翅膀，手中挥舞着刀剑或鞭子，以惩罚作恶之人。这个故事让我们想起莎士比亚的《麦克白》，麦克白是苏格兰贵族，他弑杀了国王和其他一些人，由于害怕他们的鬼魂而难以入睡。

也许有些公民害怕迪昂蜕变为暴君，他们就决定进行刺杀。公元前354年，他们冲进迪昂的家里，用短剑刺死了他。然而，人们没有忘记这位爱国者，他曾为叙拉古承受苦难，也曾为叙拉古做出贡献，成千上万的人都纪念他。刺杀迪昂的主谋无法继续待在叙拉古，西西里岛的其他城市也拒绝收留他。最终，他被两个同伙杀死。据西西里人的传说，正是刺杀高贵的迪昂的那把短剑，而今又结束了刺客的性命。

迪昂将柏拉图引见给叙拉古国王狄奥尼索斯

西西里的拯救者：泰摩利昂

公元前3世纪的时候，美丽的西西里岛已经被战火摧毁，果园和葡萄园很少结果子，城镇黯然无色，海岸见不到大队的商船经过。此时，迦太基人登陆岛上，想要占有西西里。这些"背信勇士"（这是希腊人对迦太基战士的称呼）强壮而又狡诈，西西里人感到非常害怕，就派信使去希腊海滨之城科林斯寻求帮助；因为西西里的希腊人都来自科林斯。科林斯的公民推举一名叫泰摩利昂（Timoleon）的将领去襄助西西里。

泰摩利昂带领10艘船趁着夜色出发。天公作美，风向西吹；突然，天空似乎裂开成两半，有一团火光从空中降落，照亮了泰摩利昂乘坐的那艘船，见此吉兆，他的随从都欢呼雀跃。至少故事是这样流传的；但你不必相信古老史书中所有诸如此类的奇迹。你也许会认为所有的西西里人都欢迎这位来自希腊的救星；事实并非如此，有一帮人将通往叙拉古的道路给封了，这是泰摩利昂登陆后必经的行军之路。发生战斗的地方有一座战神庙，由100条狗守护着。你一定听说过"撒开战犬"的说法，因为狗是战神钟爱的动物。泰摩利昂身先士卒，手持盾牌，带领科林斯人向前冲锋，敌军逃遁而去。取得胜利后，在去神庙的路上，有很多人跑来对他说，战斗打响的时候，战神圣殿的门自动开启，战神雕像手中所持的长矛在抖动，神像的脸上也在冒汗。

不久，科林斯人就强行进入叙拉古城，成为坚固要塞的占领者。然而，泰摩利昂却在相距一段路程的营地待着。

有两人被派去刺杀他。刺客将匕首藏在外套下面，混迹在通往神庙的人群之中，等待着泰摩利昂给战神贡献祭品的时刻。他们侧身向前逼近，就在要动手的时候，其中一名刺客忽然倒地，因为背后有人捅了他一刀，捅他的人逃离人群，躲在悬岩的高处。另一位刺客因为害怕，就逃到了祭坛旁，抱着祭坛对泰摩利昂高声喊道：

"阁下，饶命！以神圣的祭坛之名，求阁下饶命！"

躲在悬岩上面的人被领了过来。

"你为什么杀死那位西西里人？"人们问道。

"因为"，他回答说，"这个西西里人杀了我父亲；这里有人知道情况，我没有说谎。"

事实的确如此。他选择在那个时刻为父亲复仇，却冥冥之中成了挽救泰摩利昂性命的举动。人们放走了他，还送他一些金子作为礼物。第二个刺客供认了刺杀阴谋，也被赦免了。

那些反对泰摩利昂的西西里人怒不可遏，邀请了"背信勇士"前来叙拉古。海港中驶来450艘船，由马格（Mago）统领，此外，还有60000名迦太基人登陆来到这座不幸的城市。卫城依然掌握在泰摩利昂之手，他想办法偷运一些谷物作为补给，主要依靠一些勇敢的人，他们乘坐小渔船，在暴风雨来袭的日子，从迦太基的舰队中穿行而过。但死守卫城是危险的。迦太基驻军冲了出来，攻陷卫城，并拆毁了围绕卫城的防御工事。没过多久，随着一阵呐喊和冲锋，科林斯人在没有牺牲一人的情况下，又夺得了卫城。很多年来，叙拉古的暴君一直用这座卫城的力量来恫吓和欺压公民。

"让所有人都来这里"，泰摩利昂命令道，"大家亲自动手，拆毁这座暴君的卫城。"

带着这份正义而又美好的愿望，人们拿着撬棒、轮镐和铁锹，在尘土和唤喊声中，将卫城夷为平地。此后，就在同一地点，人们竖起了更高贵的建筑——法庭。

接下来是泰摩利昂帮助穷人的时候了。叙拉古的市场稗草丛生，近来几乎没有什么生意；岛上其他的城镇里，从森林中跑来的野鹿和野猪自由漫步，无人驱赶，因为人们都跑到荒野去逃命了。在泰摩利昂的邀请下，又有10000位来自科林斯的人定居在西西里，耕种土地，种植谷物和果树。

但非洲的敌人不愿意就此罢休。迦太基派来了一支由1200艘战船组成的大军，还带着拆毁城墙的工具，准备征服西西里岛。很多西西里人感到害怕。只有大约5000名步兵和1000名骑兵坚守备战。泰摩利昂毫不畏惧，他带领士兵朝着迦太基军队将要驻扎的河流旁挺进。当他带着军队登山的时候，碰上了一些驮着欧芹的驴子。

"这是凶兆",有人嘟囔着说,"我们在死人的墓上摆放的,不就是欧芹吗?"

"这是吉兆",泰摩利昂喊道,"摔跤或赛跑获胜的人的头戴的花环,不也是欧芹吗?"

于是,他就亲手用欧芹做了一个花环戴在自己的头上。

周围的河流和沼泽起初都笼罩在浓雾之中。当科林斯人结束了艰辛的攀爬,在山顶喘息的时候,太阳已经升起,驱散了雾霭。他们看到敌军正在渡河。首先是战车,由四匹马驾驶。然后是10000名士兵,手持白色盾牌,穿戴着铜质的头盔和铁质的胸甲。科林斯的骑兵在战车之间飞驰。泰摩利昂让步兵紧凑在一起,将盾牌举在面前,形成一道移动的保护墙。

"鼓起勇气!"他大声呼喊道。这支人数有限的军队开始向平原推进。

一场暴风雨突然降临到山冈和沼泽之上,冰雹愤怒地打在"背信勇士"的脸上,敌军几乎睁不开眼睛,在泰摩利昂军队的冲击之下,他们节节败退。胜利属于科林斯人;有5000多名敌军被生擒,俘获的盾牌和甲胄堆积如山,在营帐中闪闪发光。

泰摩利昂在其他地方也都取得了同样的胜利。侵略者被翦除了;那些被遗弃的城镇重新迎来了居民;农民在土地上平静地劳作着;市政官主持公道;西西里岛的居民无不感戴泰摩利昂。

他派人从科林斯将妻子儿女接送过来，一家人住到了乡间的院落里，他们呼吸着山间甜美的空气，欣赏着悠闲的牧群和丰收的景象；但他最大的幸福在于西西里人享有和平与安逸。

有一天，在公共聚会场所，有两个饶舌者对泰摩利昂牢骚满腹。人们热爱这位拯救岛国的人，盛怒之下，准备教训这两位饶舌者。但泰摩利昂喊道：

"且慢！我没有必要回答他们；因为我的行为就是最好的回答。在叙拉古，最穷的人也可以收获正义，公民拥有言论自由，所有人都可以尽情表达内心的想法。"

泰摩利昂万岁！他给了西西里自由；在晚年，他双目失明，无法经常参与公共事务。但人们对这位失明的老人心怀感激，很多来叙拉古的人都去拜访他，如果幸运，就能够见到这位西西里的解放者。有时候，当人们在剧院聚会，却不能裁定一些棘手的行政问题时，就会请泰摩利昂出面；这位年迈的老将军躺在草铺上，被抬着穿街过巷，人群中一片欢呼之声。

泰摩利昂死于公元前337年，葬礼非常隆重。装殓他遗体的棺材雕饰华美，一些被挑选出来的年轻才俊抬着棺材，站立的地方曾经是暴君令人生畏的卫城。送葬的队伍中有成群的男男女女，他们头戴花环、身穿白袍。默哀的公民纷纷落泪，宣礼官高声说道：

"叙拉古人愿意用公帑埋葬科林斯人泰摩利昂；今

后每年的此时，均要举行赛跑、摔跤运动和音乐会，以纪念泰摩利昂；因为他推翻了暴君的统治，击退了异族的入侵，让废弃的城镇重新繁荣，还西西里人法治与和平。"

市场上建起了一座漂亮的建筑，叙拉古的年轻人可以在大厅中锻炼或运动。这座建筑叫"泰摩利昂馆"，即"泰摩利昂的房屋"。就这样，在欢快的运动中，人们纪念这颗高贵的灵魂，因为他为饱受苦难的土地赢得了自由。

雅典演说家：狄摩西尼

"铸剑人死了",一个雅典公民对另一人说道。

"他不是还留下一个年幼的孩子吗？"

"是呀,这个可怜的孩子才只有 7 岁,而且还没有妈妈。"

"谁照顾他呀？"

"他父亲指定几位监护人照顾孩子和财产（父亲通过铸剑挣了一大笔钱）,并负责他的教育。"

让人遗憾的是,有一大部分钱被监护人自己花掉了,既没有送他去好的学校,也没有为他请家庭教师。结果,当这个叫狄摩西尼（Demosthenes,前384—前322）的孩子长大成人时,他发现自己的学识远远落后于同龄人。他渴望成为一名对公众说话的人——即演说家。但他的嗓门小,声音也不够洪亮。此外,他在发音方面还存在问题。他口吃；哪怕是一句简单的话,比如,"亲爱的朋友,我要提醒你们",也会被他说成这样："亲……亲爱的……朋、朋、朋友,我……我……我要提……醒你们。"他也无法正常地发 R 这个音,就像今天的一些英格兰人,会把"瑞迪"说成"韦迪",把"博瑞"说成"博维"。他下定决心要改变自己的说话方式。在地下室,他专门倒腾出一间房子,在那里大声朗读,并练习对公众发言的艺术。差不多有两三个月的时间,他吃喝睡觉都在这个奇怪的地方;狄摩西尼给自己剃了一个阴阳头,这样就不好意思出门见人,以此来强迫自己待在室内学习。有时候,他在抛光的银镜或铜镜里观察自己,留意面部的表情和四肢的动作,以确保自己在演讲时的举止是优雅的。大家知道,有些演讲者并不优雅,当他们说话的时候,会挠头、翻白眼,或是指手画脚。

还有一些时候,他把石头放在嘴中说话;当然,这就很难发音清晰。如果你把几个小石块儿放到嘴中,说句话试试,比如,"妈妈,让我再吃点果酱吧?"听到你的发音,妈妈肯定会笑的。的确有一些人,他们说话非常随意,以至于你会觉得他口中含有石子似的。这种练习使狄摩西尼在发每一个音节的时候,都会费很多的气力,当石子取出来之后,他说话就既流畅又准确。有时候,他在雅典城外的海岸边散步,在有风的日子,海浪冲打在砂砾之上,伴随着海浪发出的声音,他向着大海发表演讲,就如同在对城中的众人演讲一样。他的另一个有趣的做法是,一边演讲,一边沿着山坡向上奔跑,你会看到这个年轻人在朝山上奔走的同时,大声喊道:"唉,雅典人啊!保护神庙是你们的义务;放弃义务则是你们的耻辱!"有时,他会坐在岩石上喘息。当他要对公民发表演讲的时候,常常深夜构思,在油灯闪烁的光线下,将自己想要对大家说的话写出来,并且反复念诵;有一次,一个妒忌他的人嘲讽他说:

雅典演说家：狄摩西尼

"狄摩西尼，你的演讲闻起来有一股油灯味。"

在狄摩西尼生活的时代，希腊这片美丽的土地上笼罩着危险的气息。危险来自北方的马其顿王国，国王名叫腓力。腓力的士兵强壮而又勇敢，尤其令人胆寒的是他们的方阵战术。一个方阵有 16 排，每个士兵都持有一根 18 英尺（按：5 米多）的长矛，直指敌军，就这样，16 排长矛手组成了一道恐怖的城墙，无论是敌方的步兵还是骑兵，都不敢正面冲锋。

现在，腓力满心想要征服希腊的所有城邦——斯巴达、雅典和其他城邦；而希腊人也不再像先辈那样乐意为母邦而战。他们宁愿花钱雇佣其他人进行作战；但是，那些雇佣军战斗起来并不勇敢，只有出于对祖国和城邦的热爱，人们才会拿起武器，义无反顾地投入战斗。当腓力征服了希腊周边一座又一座的城市，并逐渐向着雅典城推进的时候，狄摩西尼为了唤醒国人，发表了这样的演讲：

"国王腓力的运势正盛。但雅典的运势会更胜一筹，仁慈的诸神也会对大家垂青，只要你们这些雅典人愿意承担义务。然而，你们却徒然静坐、无所作为。懒汉不会得到朋友的帮助，也不会得到诸神的帮助。腓力比你们更强大，这有什么奇怪的呢，因为他总是在行动，从未裹足不前，抓住每一个机会，奋力拼搏；而你们却在争吵、在投票，没有一丁点的军事行动。"

一天傍晚，当雅典主要的市政官在共进晚餐的时候，一个信使带来了北方的消息，说马其顿国王腓力已经占领了通往底比斯的城市。整个雅典都感到震惊,因为底比斯是一个强大的城邦,而底比斯人偏爱腓力,如果底比斯倒向了敌方,腓力进击雅典的道路将是一马平川。第二天拂晓,会议就在市场上召开。传令官高声喊喝:

"有谁要发言?"

黑压压的人群中,无人应答。

"有谁要发言?"

依然无人回应。

最后,狄摩西尼站了出来;他建议派人到底比斯,说服他们与雅典联盟,共同抗击北方国王和他可怕的方阵。被派遣的信使不止一位,狄摩西尼是其中一员。与此同时,腓力也向底比斯派遣了信使。底比斯人到底会站到哪一边呢?腓力的信使吹嘘己方的强大,说襄助腓力的人会得到强大的友谊;底比斯人听到之后欢声雷动。接着是狄摩西尼的发言,他提醒底比斯人不要忘记,他们与雅典人同宗同种,说着同样高贵的希腊语,敬拜着同样的神祇。底比斯人被狄摩西尼的演说打动了;他们投票决定支持雅典。

战斗随即打响,方阵的威力取得了胜利。1000名雅典人战死,2000人被俘;底比斯人的伤亡数目也大致如此。狄摩西尼本人参加了这场战斗,不得不随军撤退。当战败的消息传到雅典,城邦陷入恐慌之中,老人、妇女和孩子沿街奔走,一片喧闹之声。

人们加固了城墙;砍倒了树木做防御;舰队随时准

备战斗。然而，腓力与雅典讲和，并且释放了2000名俘虏；但是他强迫雅典认可他是全希腊的首领。腓力死后，他著名的儿子，亚历山大，成了希腊和马其顿的国王。

狄摩西尼家资颇丰，他自费重修了雅典城墙，为了表示对他的尊敬，人们用金冠为他加冕。他的一些对头说，谁愿意出钱他就站在谁的一边——也就是说，他接受贿赂。有一次，亚历山大的国库保管员哈帕拉斯（Harpalus）带着几袋黄金逃至雅典，有消息风传他曾赠给狄摩西尼一盏装满金币的杯子，请狄摩西尼为他的人格辩护。

第二天，在公共聚会的场所，有人要狄摩西尼发言，讲述他对这位不忠的保管员的看法，他出来时脖子上缠着羊毛围巾，说自己得了重感冒，不便说话！有些书中就是这样讲述的；但你没有必要相信史书中的所有记载；我觉着这个故事，连同狄摩西尼收受金杯的故事，都是虚构的。

公元前322年，亚历山大死后不久，演说家结束了流放生涯，重回雅典，因为收受贿赂的谣传，他曾经被逐出雅典。雅典人对着载有狄摩西尼的帆船发出欢呼。但马其顿将军听说他要回国，就派人去逮捕狄摩西尼。他掉头逃往一个海岛，岛上有一座海神庙。他希望在海神庙中获得安全。敌人乘船赶来，要求与他对话。他们说，只要狄摩西尼投降，就可以饶他一命。但他并不相信对方的承诺。退回到神庙中的一个房间,他准备写一封信,在进行构思的时候,他大概是咬了笔头。事实上,他正在吮吸笔杆中空处的毒液。不久,当他站起来想要走出神庙的时候,倒在祭坛旁死去了。为了纪念狄摩西尼,雅典人为他树立了一尊铜像。

演说家用语言为祖国服务,就像士兵用刀剑为祖国服务一样,甚至前者的工作要更胜一筹。狄摩西尼是雅典的演说家;而西塞罗(Cicero)是罗马的演说家。英国的两位著名演说家是查塔姆伯爵(Earl of Chatham)和格莱斯顿(Gladstone)先生。在美国,我认为当然是帕特里克·亨利(Patrick Henry)、亨利·克莱(Henry Clay)和丹尼尔·韦伯斯特(Daniel Webster)。

征服者：亚历山大

"你也想参加赛跑吗？"

"当然"，年轻的王子亚历山大回答说；"即便同国王赛跑，我也愿意。"

亚历山大志气很高。这表现在驯服烈马一事上，为了得到这匹马，国王腓力花了13塔伦（约12500美元）。对走近前来的新主人，这匹马激烈反抗，不让任何人骑到它背上。国王腓力只好命人将马牵走。

"你失去了一匹顶好的马"，年轻的王子说道，"只是因为缺少驾驭它的志气和手段"。

"孩子"，父亲回答说，"挑错并不难，但你自己能够驾驭它吗？"

"我能！"

"要是你失败了呢？"

"那就由我来出这13塔伦。"

围观者发出一阵笑声。得到了父亲的允准，亚历山大就开始了尝试。他首先牵着马头转向太阳，这样，马就看不到自己的身影在地上晃动。然后他就给马梳毛，并轻声对马说话，最后一跃骑上马背，既没用马刺，也没用鞭子。马开始快速奔跑，亚历山大一边吆喝着，一边使用马刺驱策，这匹烈马奔走如飞。国王和围观者静

静观看,直到王子安全返回。腓力亲吻了少年亚历山大,并且喊道:

"去追寻新的王国吧,儿子,马其顿对你而言,太小了!"

他的确追寻了新的王国,因为在随后的几年中,生于公元前356年的亚历山大,就成了当时人类已知世界的霸主。像驯服悍马一样,亚历山大在战争中展示了同样的勇气和意志。他经常阅读荷马的诗作《伊利亚特》,讲述的是特洛伊围城的故事,一场发生在希腊人和特洛伊人之间的战争:

> 盾牌与盾牌相贴,头盔与头盔相接,
> 盔甲与盔甲相抗,长矛与长矛相向,
> 一团团的士兵,如云朵般聚拢,
> 簇矢犹如风暴,在空中呼啸飞行。

在睡觉时,亚历山大经常把这首关于战斗的诗与剑一并放在枕头之下。

腓力死后,亚历山大起兵征服亚细亚。当时的希腊人和马其顿人已经视他为枭雄,因为他在战争中功勋卓著。他曾经去过科林斯城,希腊的将军和政治家正在那里召开会议。很多有名望的人都来拜见亚历山大,并且说些恭维的话。但是狄奥根尼(Diogenes)却没有去,他特立独行,是个严肃而又聪明的教师。亚历山大就去拜会这位哲学家，据说他总是躺在木桶里休息。我想，他可能是想要向大家证明，人完全可以居住在简陋的空间里，而无需任何昂贵的家具和诸如此类的东西。狄奥根尼正躺在地上，享受阳光。

"先生"，亚历山大说道，"早就听说你是一位智者，也一直想要拜见你。我能为你做些什么呢？"

"别挡着我的太阳"，哲学家说道。

"无礼！"一个廷臣说。

"可悲的无礼之徒！"另一个廷臣惊叫道。

但亚历山大的想法却有所不同。他尊重这位不愿意向国王卑躬屈膝的勇敢之人。

"如果我不是亚历山大"，他说道，"我宁愿作狄奥根尼。"

在离开家乡的土地时，这位年轻的国王把自己几乎所有的田产和财富都分给了朋友。有人对他说：

"你出手确实大方。可你为自己留下了什么呢？"

"希望"，亚历山大回答说。

怀抱希望，亚历山大带领自己的战马、战车和35000名士兵，跨越了欧洲和亚细亚之间的狭长海域。

前进的道路上有一条水流湍急的河流。在对面岩石突兀的河岸上，已经陈列着一支波斯大军，手持弓箭和长矛。亚历山大涉水而行，他的战友紧随其后。他左臂上绑着盾牌；头上戴着一个大头盔，两边有白色的羽毛在飘摆。波斯人的箭射到入侵者的盾牌上，铛铛作响。

波斯人的骑兵从陡坡上冲下来，直奔亚历山大的骑兵，国王的头盔也被战斧劈裂了。就在此时，一个叫克利图斯（Clitus）的将领用长矛刺死了手持战斧的人。在这场战斗中，亚历山大的坐骑（并不是此前提到的那匹烈马）也战死了。胜利属于希腊人，因为马其顿人也是希腊人。

在进军波斯的途中，亚历山大来到了他们征服的戈尔迪乌姆城。那里有一座神庙，神庙中有一辆战车，战车绑缚在一根柱子上，绳子满是精心设计的扭结。人们传说，"谁若能够解开戈尔迪之结（Gordian Knot），谁就能统御整个世界"。亚历山大撕扯着这团乱糟糟的绳子，最后失去了耐心。就抽出宝剑，一下子斩断了戈尔迪之结。

波斯的苏丹或国王大流士（Darius）带领了一支由50万勇士组成的军队，来迎战希腊人；他希望能够在西里西亚的山区与亚历山大遭遇，并给予他致命一击。一支军队规模如此庞大，而另一支却又如此之小，就像是大象与狮子之间的战斗。在两军展开可怕的厮杀之前，因为亚历山大趟水过河，受了风寒，躺在床上，浑身酸疼，营帐中的士兵都害怕他们的主人会一命归天。军队中的医务人员也没有一个人能够医治他的疾病。他们害怕，如果不能药到病除，全军的怒气就会撒在自己头上。但有一位叫腓力的医生，他极为敬爱亚历山大，也渴望为了人民而挽救国王的性命。因此，他说他能够调制一种饮剂,让国王睡眠,醒来后就会感到病情好转。国王表示同意。

在腓力精心调制饮剂的时候,染疾的国王收到了一封朋友的来信。信中写道:

"陛下,要小心腓力这个人。波斯国王已经许他以重金,并要将公主嫁给他,只要他愿意毒死你。"

读到这个消息,亚历山大露出了微笑。他并不相信这封信,就把它塞到了枕头下。接着医生把药端了上来。国王将信递给了腓力,开始喝药。国王一边小口喝着药,一边观察腓力的脸色。医生读到这些阴毒的文字时,满脸义愤,"陛下",他叫道,同时跪倒在国王身旁,"你肯定不会认为,我如此卑鄙,以至于会去伤害您吧?"

亚历山大摇了摇头,然后就睡去了。这是一个很长、很长的睡眠,军官反反复复进来查看沉睡国王的苍白面容。或许写信的人也进来过,并神情凝重地盯着腓力看。但国王终究还是醒来了;他的烧退了,他的血液降温了,营房中一片欢呼之声。

战斗随即打响,大流士的军队在亚历山大的方阵的冲击下土崩瓦解。亚历山大就此成了波斯的首领。而大流士则乘战车逃走,撇下了妻子、女儿和金银财宝。马其顿人获得了战利品,人人都有份;但他们把波斯国王的帐篷留给了亚历山大。帐篷宽敞而又华美,垂着帘幕,摆放着金银箱子和花瓶,还有碟子和各种其他珍宝。亚历山大默默地注视着这些闪闪发光的金银财宝，然后说道：

"做国王就是这样的呀！"

他是笑着说这些话的，他当然知道王位不在于拥有成堆的奇珍异宝，而在于睿智的思想和英勇的行为。即便对于不是国王的人，也同样如此。一个人的价值不在于他身上穿的昂贵衣服或是他居住的富丽别墅。我们可以给大猩猩披金戴银，但它还是大猩猩而已。

那些被波斯国王抛下的不幸的女眷们，不知道自己将会面临怎样的厄运。收到来自亚历山大的信息之后，她们颇感安慰，亚历山大说她们不必惊慌，他命令士兵要尊重她们。就像在已经逝去的光明日子中一样，这些后妃和公主依然由女仆侍候，并受到尊重。亚历山大是一个性情高尚的人。他如此礼貌而又公允地对待女性，颇有骑士之风范，所有的男孩子和男人都应该像他一样。骑士风范意味着做事要尊重女性，尤其是那些弱小需要帮助的女性。

一天早晨，亚历山大国王的军中发生了一阵骚乱。战马被套上了战车，士兵披上了甲胄，骑兵也翻身上马。

"失火了！"一个士兵叫道。

国王的帐篷中蹿出了火苗，但是，当众人赶上前来的时候，却被禁止泼水。火焰燃烧在一大堆箱子、衣服和各种贵重的物品之上。这些全是国王及众人的行李。

大家心里都在想，"国王为何要烧掉行李呢？"

征服者：亚历山大

国王回答说：

"因为我们要去印度，旅途并不轻松。我们要保留全部的力量来应对途中的险阻。我们不能将战利品变成前进的负担。"

军队觉着国王说的是对的，就都把自己非必需的物品扔到了火堆中，于是马其顿人向着印度轻装前进。

在途中，他们攻打了一座陡峭山峰之上的城堡。希腊军队的先锋队中有一个叫亚历山大的年轻人。国王对这个士兵说：

"朋友，你必须英勇作战，要对得起自己的名字。"

他的确做到了，国王非常高兴，因为这个年轻勇士的表现无愧于自己的名字。

所有读到这一章的男孩和女孩，都有父母给自己取的名字——泰勒、史密斯、约翰逊、伍德等等。所有这些名字都是好名字，你们的行为也要配得上这些名字，这是你们的先辈传下来的。

军队包围的另外一座要塞受到一条河流的保护。

"我真是个废物！"亚历山大叫道，"我怎么就没学过游泳呢？"

当然不是废物；但国王有勇气承认自己原本应该做却付之阙如的事情。

在攻击还没有全面展开的时候，城中出来了一群人，要求拜见希腊国王，因为他们准备投诚。会晤开始的时候，仆从给国王搬来了一把座椅。亚历山大立即邀请最年长的到访者就座，自己却站着——这是年轻人尊敬老人的一种非常体贴的行为。

亚历山大与印度王鲍卢斯（Porus）之间的战争非常惨烈。鲍卢斯身材高大，并且还骑着一头身躯庞大的大象。跟随他的人也全都以大象为坐骑。虽然面对着印度人的大象和雨点般的箭矢，但希腊人并没有畏惧退缩。驮着鲍卢斯的大象非常坚毅地进行战斗，好像它知道国家和国王处于危险之中一样。最后，它还是跪了下来，因为国王受了重伤，需要下来，因此，鲍卢斯就成了俘虏。

"你想让我怎样处置你？"亚历山大问他。

"就像对待国王那样"，鲍卢斯回答说。

"没有别的要求了吗？"

"没有，我所有的要求都体现在'国王'一词之中。"

亚历山大是个勇敢的人，他也敬仰勇敢的人。由于对鲍卢斯的回答非常满意，他归还其全部领地，令其作为总督在国王亚历山大的统御下进行管理。然而，在这场胜利之中，国王也遇上了一件伤心事。此前我们曾经讲到过的、亚历山大驯服的那匹忠诚的战马死了，这匹马死时已经30岁了，国王非常郑重地埋葬了它。

有很多马其顿人殒命于印度，军队不愿意继续向远处进发。亚历山大起初把自己关进帐篷中，内心悲伤，不愿意与任何人说话。他最终还是顺从了士兵的心愿，启程向西撤军。他和军队沿印度河航行了 7 个月,时不时停下来与两岸的原住民交战。接下来,军队在波斯湾沿岸进行了艰苦的行军。行走在砂砾和尘土之上,行走在赫赫烈日之下,行走在荒无人烟的区域。这样的艰辛持续了 60 天之久。当军队跨越了这段干旱荒芜的地区之后,他们稍事休整,继续前进,接下来的 7 天行军比较轻松,大家队列整齐,就像是在度假一般。国王的马车非常大,由 8 匹马拉着,上面铺着木地板,可以摆放好几张桌子;国王和他的臣属能够在车上用餐和饮酒(尤其是饮酒)。王驾的后面是一长队的马车,有的以紫色的帘幕为装饰,有的则覆着树枝。士兵随着号角和笛声行进。他们高声歌唱;也经常拿杯子从酒桶中舀酒喝,这是国王的赏赐。

他们一路喝酒、唱歌、跳舞。但是,当亚历山大回到波斯之时,当他来到了著名的君王居鲁士的坟墓前时,心情却大不一样。坟墓的石碑上刻着一些字,马其顿国王念道:"啊,来人啊!不管你是何人,不管你来自何处,长眠于此的就是居鲁士,波斯王国的开创者。请不要嫉妒我,因为掩盖我身躯的不过是一抔黄土而已。"

读到这些文字,亚历山大长久地伫立着,默然无语;因为他意识到,国王强大的力量会烟消云散。

亚历山大有一位叫赫菲斯提昂(Hephaestion)的挚友发烧病倒了。医生要求他不能暴食暴饮。但是,当这位医生去剧院看戏的时候,赫菲斯提昂吃了一只烧鸡,还喝了一大罐冷酒。这种蠢行导致他几天后就死了。亚历山大悲伤欲绝。军中所有战马的马鬃都被剪掉，以示哀悼，医生则被钉到十字架上处死。很长一段时间，军营中不准出现音乐之声；在极度悲伤之中，国王要求斩杀所有的战俘。我想，恐怕这位卓越国王和征服者的心灵真的陷入了怪异的混乱之中。他曾经带领希腊人从希腊来到印度；他使得东方民族向西方人的强力屈服；他粉碎了傲慢的波斯王的统治，当初，波斯王经常率领军队入侵西方，试图奴役希腊人。无论希腊人到达何处，他们都带去了书籍、诗歌和音乐，也给那些开化程度较低的民众带来新的思想和风尚。这一切都使得亚历山大的心灵因骄傲而膨胀。他开始变得虚荣，比以往任何时候都更加自私。他征服了世界，却未能征服自我。他很快也会失去自己的王位。

一天，亚历山大去洗澡；浴后，他穿得比较单薄，并与几个年轻人打了一会儿球。当他玩尽兴之后，派了几个人去给他取衣服。他们走进国王的寝室，却看到一个奇怪的人，穿着亚历山大的袍子、戴着王冠，端坐在王座之上，他两眼迷茫、一言不发。这人心智不大正常，就被拖走处死了。

但国王坐在王位上的时间也不长了。他们现在来到了巴比伦城。亚历山大发了烧。当感到疾病来临时，就像此前提到的他的那位挚友一样，他并不在乎自己的健康，反而喝了不少酒。有时候，他的身体似乎好了点，就躺在椅子上听海军元帅给他讲故事。国王曾经派遣了一支舰队沿波斯和阿拉伯海岸航行，被晒得黝黑的水手见识过印度洋的奇观。亚历山大病了25天之后，士兵们开始警惕。他们聚在国王躺卧的房间门口，务必要看看他。他们被准许进入寝室，排着长长的队伍，轻轻地从床前走过，而这位征服者苍白的脸孔则不自然地贴在枕头上。公元前323年6月的一个晚上，亚历山大大帝驾崩，时年33岁。

《亚历山大斩断戈尔迪之结》

(18世纪,法国画家 Jean–Simon Berthélemy)

城邦的忠良：福基翁

"我觉着"，一个士兵对另一个士兵说，"今年冬天会比较冷。"

"你凭啥这样想？"

"将军都穿上披风了。"

"这有什么奇怪的呀？"

"当然奇怪了，因为福基翁是个耐冻的人，若非必要，他是不会多穿衣服的。要知道，他经常光着脚走路。"

你若是见了福基翁这位雅典将军，可能会觉得他严厉而且严肃。但他的心肠仁慈而又公正。一天，一个对雅典公众演讲的人指着将军满是皱纹的额头开玩笑。

"朋友们"，福基翁说道，"我的皱纹不会给你们带来悲伤，但那些面带微笑对你们讲话的人，却多次让雅典人垂泪。"

可怜的雅典啊！这座美丽的海滨城市此时正值多事之秋。北方的希腊人——强大的马其顿勇士——正在成为周边的霸主；这是国王腓力和亚历山大的时代。福基翁认为雅典人没有足够的智慧和能力来保持自由；他认为臣服于马其顿人反倒是上策。雅典人喜欢聚集在大街上，听那些媚众的演说家的发言，并发出欢呼声；但他们并不会为保卫城邦而埋头实干。有一次，当公民叫嚣着要同希腊其他城邦开战的时候，福基翁说道，"最好还是用和平手段解决吧。"

"不，不"，这帮乌合之众嚷嚷道，"要用武力！要用武力！"

"我善良的同胞们啊"，将军回答说，"你们还是保持自己最擅长的那种风格吧，是说话，而不是战斗。"

至于福基翁本人，他虽然说话沉稳而又简洁，在战斗中却从不怯阵。年轻时，他就参加过海战，也为雅典舰队的取胜贡献了不少力量。雅典人非常信赖他的勇气与理智，在其漫长的一生中，即公元前402—前317年之间，他曾经45次被推举为将军；没有一次是他主动要求的。

当他被派往一些岛屿收取应当缴纳给雅典城的贡赋之时，人们建议他带20艘战船，以显示他是个强大的人物。

"如果我是要恐吓他们"，福基翁说，"就应该带更多的战船。如果这是一次友好访问，那么，一艘船也就足够了。"

因此，他就孤帆出航。福基翁与岛国人民的交谈彬彬有礼，结果，人们对他也恭敬有加，缴纳了他以雅典之名所要征收的那些钱币。这可以证明他是一位不错的政治家，因为，他不但在合理的情况下投身战斗，也竭力以合礼的方式招揽人心。

当腓力去世的消息传到雅典时，有些公民打算大肆庆祝，痛快一番，因为他们仇恨腓力。

"不行"，福基翁说道，"仇敌死亡，自己欢唱，是卑鄙的做法。"

当然，如果腓力是雅典的敌人，公民总不至于为他的死亡而感到悲伤。但因为英勇的敌人的去世而狂欢庆祝，也是不厚道的做法。

在腓力之后，亚历山大继位；这位年轻的国王得知福基翁对待马其顿的友好态度，打算送一笔钱做礼物，以便同他结交。

使节带了100塔伦（约10万美元）来到福基翁家里，发现一切都很简单、朴实，而福基翁的妻子则正在烤面包。

"福基翁"，她喊道，"给我提点儿水来。"

这位雅典将军就提着水桶，到井边去打水。打完水并完成各项杂务之后，他就坐下来擦了擦脚上的尘土。这是不同寻常的，因为像他这样身居高位的人会使唤奴婢来为自己洗脚。

"阁下"，一个马其顿人说道，"您是亚历山大的朋友，既然是国王的朋友，生活就不应该如此寒酸。"

此时，一个衣衫褴褛的老者恰好从门前经过。

"你觉着我比这个老者更寒酸吗？"福基翁问道。

"没有，阁下。"

"他所拥有的比我还要少，却也自足自乐。收下亚历山大的钱，也不会使我更加快乐。"

使节就把钱带回了马其顿。

此前说过，福基翁曾经45次被推举为雅典军队的将军。在他第20次被选为将军时，一位女士去拜访他的妻子，并向这个朴实的女人展示了自己的项链和手镯。

"让我也看看你的珠宝吧！"这位来访者说道。

"福基翁就是我的珠宝"，福基翁的妻子回答说，"这是他第20次被推举来统帅雅典的军队。"

然而，这位将军的儿子的志趣却不及自己的父母。这个年轻人名叫福克斯，但他耽于饮酒，而父亲则劝他参与运动，尤其是径赛项目。福克斯进行了训练，并在一场比赛中获胜；他的一位朋友安排了盛宴为他庆功。福基翁在他们的欢宴尚未结束之时来到会所，见到奢侈的场面十分烦恼，因为各位宾客都坐在那里，用添加了香料的酒水泡脚。将军就把自己的儿子叫过来，训斥他说：

"孩子，为什么要让你的朋友败坏了你取胜的荣誉呢？因为自我节制，你赢得了比赛；而今，你却以放荡的方式浪费自己的生命。"

年事已高的福基翁，依然忠于自己的城邦。雅典城中出现了反抗邻邦的骚乱，人群中发出了开战的吁求。福基翁就派宣令官到大街上去说：

"所有60岁以下的公民都要报名参军，携带5天的食物，立即跟我到营房去集合。"

但是，很多年事稍长的人都对命令置若罔闻，没有追随宣令官，反倒准备回家去。

"你们犯什么难呢？"福基翁喊道。"你们觉得自己太老，以至于无力参战了吗？我虽然已经80多岁了，但我愿意给你们做先锋。"

这些年事稍长的人，都不敢以年高自命，披上甲胄，跟随福基翁而去，并且赢得了胜利。

雅典的实力在逐渐削弱。虽然亚历山大死了，但马其顿人对其他希腊城邦的霸权却在一步步加强。雅典人眼睁睁看着新的主人向自己逼近。他们虽然口号喊得山响，却没有足够的勇气对抗北方强敌。一天，一个祭司跪在海港边上洗一头猪，一条鲨鱼窜出来咬掉了猪的一部分身体。

"天哪"，占卜者或预言者说，"这意味着雅典要失去自身的一部分。"

不久，有一队马其顿士兵进入雅典城，占领了城市靠海方向地势较低的区域，不过没有发生战争。新来的兵团说，他们是为友谊而来，但雅典人心里清楚，城邦的自由一去不返了。然而，他们却把怨气撒向了忠良的老将军，他多年来为城邦而战，并竭力协助进行治理。福基翁被逮捕了，他被视为国家的敌人——叛徒。

福基翁和他的朋友被押到露天剧院，那里聚集了一大群人，他们高声喧嚷着，投票决定处死福基翁及其同伴。有些人甚至头戴花环，就像是在做一件值得庆贺的事情一样。随后,福基翁被关入监狱。在路上,有人用恶毒的语言辱骂他,还有一个人甚至朝他脸上吐痰。他并没有发怒,只是转向那些市政官说:

"你们没一个人斥责这人的粗鲁行为吗?"

在监狱里,他们看到狱吏在调制毒药,要给这些被判刑的人喝。有一个人恳请福基翁允许自己先喝毒药。"因为",他说道,"我不愿意看着你死。"

"这要求太难了",福基翁说,"既然活着的时候,我对你总是有求必应,在死的时候,也遂了你的心愿吧。你可以先喝。"

就这样,福基翁这位爱国者与朋友一起牺牲了。传来了一阵马蹄踏过大地的声音,是一队骑兵经过监狱。他们要庆祝节日,头上还戴着花冠。但是,面对经过的骑兵队伍,很多人却暗暗滴下了泪水,因为他们想起了那位忠心的将军,他们再也无法听到他的声音。

没过多久,雅典人就开始后悔他们所做的一切,他们为福基翁树立了一尊铜像,以示纪念。

但雅典城的自由却一去不返。

马其顿之王：德米特留斯

像普通人一样，国王也做梦。一位马其顿国王梦见自己是个撒种者，在田地里播撒金粉。而后来到田边查看，发现庄稼结的穗金光闪闪。然而，当他再次去田边的时候，天啊！庄稼被人给砍了。有人来过，把金灿灿的庄稼给收割了，只剩下了无用的秸秆。他听到有声音告诉他说："米特里达迪斯偷割了庄稼，已经逃到黑海去了。"

国王对儿子德米特留斯（Demetrius，前338—前283）说："我要杀了米特里达迪斯，在我们的宫殿里，我们待他一向友善，他与你一起打猎，游乐。但我现在敢肯定，按照我的梦来说，他将对你我不利。"

你当然知道，国王做错了。他无权因为自己的一个噩梦而伤害别人。梦不可能给我们明智的告诫，虽然有一些愚不可及的著作，装模作样地通过梦来解读命运。

一想到同伴即将面临的危险，王子德米特留斯就感到伤心。但是，他已经向国王发誓不会就此事泄露一字。

"那么"，他心想，"我的确承诺过不说一个字，但我可以不用语言，照样让朋友知悉即将到来的危险。"

不久，当他们和其他的年轻人到户外运动的时候，德米特留斯把米特里达迪斯叫到一旁，用枪尖在地上写道：

"快逃，米特里达迪斯。"

后者即刻明白，在天黑之前，他就乘坐帆船，取道黑海，回到了自己的出生地小亚细亚。

可见，德米特留斯是乐于帮助那些有急难的朋友的。但是，对他的优点，我恐怕谈不了多少，因为，毕竟，他是个好战的人。在他还是个少年的时候，就在亚洲纵横驰骋，与阿拉伯人交战，有一次，还劫掠了700多匹骆驼。他也曾与希腊诸王交战，你应该知道，亚历山大大帝死后，亚洲和埃及的广大土地被他的将领瓜分，外国的很多统治者都是希腊人。

他决定去帮助雅典。雅典的要塞被一帮人占据，他们虽然是希腊人，却是城邦的暴君。德米特留斯带领了一支由250艘船组成的舰队。城中的守军不知道他的到来，看到舰队的时候，还以为是自己人。港口中没有一个站岗放哨的士兵，德米特留斯的舰队兵不血刃，驶入港口。一大群人跑到登陆地点，看到了船上年轻的王子。他示意大家保持安静。接着，王子船上的宣令官高声喊喝：

"雅典人听着，要知道，王子德米特留斯是要给你们自由的，要赶走你们的仇敌，恢复你们城邦昔日的良善法律和统治。"

雅典人中爆发出一阵欢呼，德米特留斯随即带领士兵登陆。他包围了要塞,并很快占领了它。

德米特留斯同时还攻击了雅典附近的一座城市,他的士兵冲入城中,开始大肆抢劫。但他想到,这个城中住着一位智者——一个叫斯提普(Stilpo)的哲学家——他过着平静的生活,热爱知识胜过钱财。德米特留斯派士兵到斯提普家中,把这位哲学家带到了自己面前。

"我的人抢你的东西了吗?"王子问道。

"没有",斯提普回答说,"你的人不会抢知识,知识就是我的财富。"

王子的朋友给马其顿的老国王传送战报的事,你听了一定会觉得好笑。德米特留斯以 180 艘战船与埃及国王托勒密(这个国王也是希腊人)的 150 艘战船对抗。敌军有 70 艘船被虏,更多的船被击沉,埃及国王仅仅带着 8 艘战船逃脱。战斗过后,德米特留斯的表现非常高贵。他释放了所有的俘虏,体面地埋葬了敌方的死者,还派了一名信使将消息带回马其顿。信使将自己乘坐的那艘船停泊在海港,驾了一叶小舟登岸。他只身登陆,独自一人去往国王的宫殿。国王派出信差,问道:

"战况如何?"

他不回答。

第二个人问,然后是第三个人问,但他都闭口不语。老国王感到震惊,起身朝门口走来,众人紧随其后。这时,信使张开双臂,大声说道:

"向国王致敬!我们在海上彻底击败了埃及国王;

我们成了塞浦路斯岛的主人。"

"向信使致敬，我的好朋友。"国王说道，"但是，因为你让我们久等，至于你的酬赏，我也要让你久等。"

德米特留斯特别喜欢造船。他建造的船需要 15 或 16 排桨来划动，也就是说，划船的人坐成 15 或 16 排，总共可能有 120 名桨手。德米特留斯喜欢站在海滩上看自己的船划过。他喜欢建造的另一种东西是攻城器械。那是像塔一样的大车，在四个大轮子上滚动，每个轮子都有 16 英尺高。塔分为好几阶或好几层，层层相接。每一层上都站着全副武装的士兵，准备向被围要塞的城墙上的人投掷石块儿或标枪。当推着塔车靠近要塞的时候，车轮嘎吱作响，人们喊声一片，场面十分恐怖。

当然，老国王死后，德米特留斯就成了马其顿国王。他更感兴趣的是战舰和攻城塔车，而不是将正义赐予公民。他的头上戴了两边下垂饰带的王冠，袍子是紫色的，脚上还穿了一双金靴。

有一天，他骑马外出，有人递给他几封陈情书，纸上记着他们的请求。他把这些陈情书塞到袍子中，走到了河边，然后把它们全部扔进了河里！但是，一位老妇人在另一场合的遭遇要好些。她恳请国王听听自己的难处。

"我没工夫！"他不耐烦地回答。

"那么"，这位妇人说，"你就不该做国王。"

这句话戳着了他的心窝。回到自己的宫殿，他把其他事情都放在了一边，命令所有遭受冤屈想要见他的人，都可以进来。这位老妇人第一个进来，他听取了她的讲述，并惩罚了虐待她的人。对其他的人，他也公正处置，为此他日复一日地坐在王位上办公。但是，他这种作风，只是偶或有之的现象。他满脑子想的都是战争、围城、进攻和征服。

他打最后一仗的地方是在叙利亚的山脉和关隘。几乎所有的士兵都弃他而去，倒戈投了敌军。德米特留斯和几位朋友在森林中避难，等到夜幕降临、群星在山巅闪耀的时候，他们爬出森林，越过山地，看到四处都是敌军的营火。突围彻底无望，德米特留斯成了敌军的俘虏。在叙利亚的一个城堡中，他被囚禁了三年，可以在一个很大的园林中打猎，可以在花园中散步，也可以与同伴饮宴。过了一阵之后，他火热的劲头就消失了，对打猎感到厌倦。他狂饮、赌博，损害了自己的健康，于公元前283年去世，时年54岁。

按照希腊人的风俗，他的遗体被火化，剩下的骨灰被装进了一个金瓮之中。装骨灰的瓮被放在帆船甲板上的一个突出位置，船上站立着带甲的士兵。帆船慢慢地滑向大海，技艺娴熟的吹笛人奏响了优美而又肃穆的曲子。笛声和桨声交织在一起。德米特留斯的儿子带着一支庞大的舰队来迎接丧船；就这样，金瓮被带回了科林斯，埋入坟墓之中。

亚拉图领导亚该亚同盟各国,反抗马其顿在希腊的势力

亚该亚同盟的统帅：亚拉图

"孩子，你是从哪儿来的？"一个妇女在屋里发现了一个7岁的孩子，就禁不住问他。

"女士，可怜我吧。如果我在大街上被看到，暴君的士兵就会杀了我。他们已经杀了我父亲。那里一片血腥，吵得可怕，我逃了出来，到处游荡，看到你家的门开着，就进来了。"

"不要害怕，我会照顾你直到天黑，然后，我的一位朋友会领你去亚格斯城，为了躲避暴君的迫害，很多人都去了那里。"

这个孩子名叫亚拉图（Aratus），他于公元前271年出生，他出生的那座城市叫西息昂，而今落入了暴君之手。

暴君是为所欲为的统治者，他们从不考虑人民的愿望。

这个孩子在亚格斯由父亲的亲戚抚养。他内心深处埋藏着对于暴君的痛恨。当他长大成人，就要与西息昂的残酷暴君作战，要反抗所有城邦中掠夺人民自由的暴君。

有一天，亚拉图遇上一个从西息昂的监狱中逃出来的人，因为曾经反抗暴君的统治，他被囚禁了起来。他告诉亚拉图自己如何翻越城堡的围墙，爬下悬崖，穿越花园，然后踏上了通往亚格斯的乡间小路。因此，如果一伙人能够用梯子攀越城墙，他们就可以进入城堡。但是，山崖下的花园由园丁看管，里边养了好几条看门狗，一有风吹草动，就叫个不停。亚拉图决定攀越城墙，占领城堡。一个曾经在西息昂生活过的木匠打造了几架云梯，亚拉图召集100多人准备进攻城堡。

他们出发的时候，月光皎洁；当他们来到花园附近的时候，月光又黯淡下来。他的一些同伴率先行动，虽然制服了园丁，但是却没办法制服狗。梯子靠着岩壁摆好了，人们爬上了崖壁，拉起梯子，继续往上攀爬。此时，花园里的狗开始吠叫。梯子摇摇晃晃，人们心里感到害怕；但亚拉图毫不动摇。他带着差不多50人来到了崖顶，此时，已经接近黎明。夜色中闪出了一道亮光，是一群站岗执勤的人准备离岗。他们带着火把，在宽阔的城垛上一边行走，一边交谈，完全没有注意到亚拉图及其同伴正静悄悄地贴在城墙另一面的岩石上。新来换岗的士兵经过时，也没有发现任何异常。然后，亚拉图及其同伴翻越城墙，穿过城堡院落中的空地，直奔暴君的宫殿而去，那里的士兵猝不及防，束手被擒。有一个伙伴跑去联络那些欢迎亚拉图到来的人家。人们很快就从四面八方赶来，当他们涌入露天剧院的时候，太阳刚刚升起。宣令官登上高处，对大家喊道：

"亚拉图号召大家夺取自由！"

人群中发出震耳欲聋的欢呼声，接着人们就冲向暴君的宫殿，将之点燃。暴君从地下通道逃脱了，亚拉图命人将火扑灭。在这次进攻中，没有一个人被杀。有500多位因暴君的迫害而远走他乡的公民，再度回到西息昂。有些人离开了50年之久，发现自己的土地已经被新人占有；这对亚拉图来说是件棘手的事：既要归还他们的财产，同时又不伤害土地新的持有人。他主持了法院庭审；亚拉图和其他15名公民担任法官来裁决这一问题，土地要归还合法的主人，而让出土地的人则获得经济补偿。

　　由于自己没有足够的钱，他准备向埃及国王求助。埃及国王与他关系友好，亚拉图曾经送给他不少希腊艺术家的画作。在航行中，船被风吹到了一个希腊港口，掌管这个港口的国王是亚拉图的仇敌。他匆匆下船，躲到了城市附近的一片密林之中。海港总管收缴了船只、抓捕了船员，开始严密地搜查亚拉图，为此，他躲避了好几天时间。幸运的是，一艘罗马船只向着这个方向驶来，并在小树林附近的海湾停留了一阵儿。亚拉图恳请船长让他登船；乘坐着这艘船，亚拉图航行到了小亚细亚的南海岸，从那里又换乘另一艘船到达埃及。埃及国王给了亚拉图很多金子，带着这些金子他返回了出生地西息昂城。而今，有一些希腊城邦联合起来，彼此相助，他们称这个团体为亚该亚同盟。亚拉图被推举为同盟将军，他多次作为诸城邦的领袖参与战争。

　　著名的海滨城市科林斯，也通过高贵的亚拉图而得以从暴君手中解放出来。他带领400人在夜色中向科林斯进军。月光在他们的甲胄之上闪烁。多亏乌云升起,遮住了月亮,否则这些亚该亚人就会被发现。在云梯的帮助下,他们爬上城墙,缒入城中,长矛在手,悄悄前行。有四个哨兵发现了他们,其中三人被当场砍倒;第四个人头部虽然受伤,却得以逃脱,他大声叫道:"敌军!敌军进城了!"号角吹响了,人们带着火把从房屋中冲出来。一个300多人的亚该亚小队已经通过一个城门进入了科林斯,并且打退了守卫部队。此时,亚拉图也踏上了通往城堡内主楼的道路,这里由暴君的士兵把守。那300多人与亚拉图合兵一处。在重现的月光之下,在标枪的呼啸声和人们的呐喊声中,攻城战斗打响了。太阳升起的时候,他们攻下了主楼。公民聚在剧院里,此时,亚拉图出现在舞台上,他靠着长矛静静站立着,人们对这位解放者报以一阵又一阵的掌声。科林斯的统治者已经逃跑了。

亚拉图也想解放落入敌手的亚格斯城。他利用云梯爬上城墙,英勇作战,但大腿却被刺伤了,只好暂退下来。

亚拉图能够承受失败却不丧失勇气,他知道如何等待时机。一支敌军进入了同盟城邦的领土,亚拉图并没有即刻追击,直到听说敌军占领了培林尼城,他才开始行动。培林尼城惨遭重创。房屋被劫掠,妇女被一路拖着,沿街尖叫。有一名女子被军官抓住,带到了神庙之中;为了让所有人都知道她已经成了他的奴隶,他就把头盔戴在了她的头上。这个头盔上插有三支摇摆的羽毛。现在，亚拉图带着焦急的亚该亚人赶到了，战斗在街头巷口展开。这位被俘的女子，听到外面重起了喧闹之声，就来到了神庙的门廊前；她站在庙门前，头戴饰以羽毛的头盔，英姿飒爽、典雅端庄，敌人看到之后非常害怕，以为这是一位女神，要用毁灭来威慑他们。敌军慌作一团，亚拉图因此又拯救了一座城市。

亚拉图认为，如果同盟与马其顿国王腓力（并不是亚历山大大帝的父亲）的力量合在一起，就会更加强大。但腓力是个装腔作势的卑鄙骗子，他表面上对亚拉图友善，却想要置他于死地。他终于阴谋得逞，一个朋友在这位勇敢的将军的食物中下了毒，亚拉图因此被杀，时为公元前213年。

西息昂人获准将他们敬爱的这位公民埋葬在城中。为了纪念亚拉图，人们决定每年举行两次节日庆典。一次是他从暴君手中解放城邦的日子，称为"解放日"；一次则是他的诞辰。每个节日都要向诸神献祭。人们列队游行，儿童和年轻人走在前边；接着是元老院的长者；随后是一群公民；伴着竖琴的弹奏，人们合唱赞美诗。很多年来，心怀感激的西息昂人一直保持着这些节日。

孩子们，如果你们看到富人、政客或政府在世间作恶，我希望你们的心也像亚拉图一样勇敢，敢于对抗邪恶，他曾经攀越悬崖，从不畏惧这世上的任何暴君。

《皮洛士向罗马将士法布里修斯展示大象》
(17世纪,荷兰画家 Ferdinand Bol)

征战的伊庇鲁斯国王：皮洛士

河水奔腾咆哮，暮色遮盖大地。

"河对岸有人"，一个妇女说道，"叫他们一下。"

"喂！"年轻人喊了一声，"帮忙渡我们过河吧。我们带着小王子皮洛士（Pyrrhus，希腊语即'棕发者'），敌人正在追赶。"

"嗨！"河对岸的人在远处回答道。但是，双方互相听不清楚。

后来，这个年轻人削掉一块树皮，用锋利的刀尖在树皮上刻下了一些字，说他和朋友们刚从暴君手中营救了小王子和保姆，正在护送他们。他把树皮捆在一块石头上，然后掷到河对岸去。对岸的人把树皮上的字念给大家听。他们明白了情况之后，就迅速砍伐了树木捆绑在一起，做成了一个筏子——因为那地方没有桥——很快，保姆、王子和卫兵都安全渡河，在城中落脚。随后，他们又去了邻国的王宫，见到了群臣簇拥的国王和王后，并把小王子放到了王后（她是小王子的亲戚）的脚下。小皮洛士生于公元前318年，并不知道自己身处险境。他抬头看着国王的脸，扯着他的袍子，绽出了微笑。国王正在思考是否要帮助小皮洛士，因为这么做可能会给自己招来麻烦。但孩子的笑脸触动了他的心。

"对"，他说，"我要照顾伊庇鲁斯（Epirus）的王子。"

伊庇鲁斯是一片山区，位于希腊的北面，其海岸线与意大利接壤。

皮洛士12岁的时候，被奉为国王。17岁时，他又被赶下王座，有一段时间，在亚洲征战。而后，他再次回到出生地。他活着似乎就是为了打仗。皮洛士渴望成为一名横扫天下的将军。一场战争结束，他就重开战事。虽然他经常吃败仗，但从不怯战。他的士兵叫他"苍鹰"，因为他行动迅捷，进攻凶猛。

"如果我是一只苍鹰的话"，他回答说，"也是拜大家所赐；在你们的长矛、刀剑和翅膀的襄助下，我才得以展翅高飞。"

看得出来，他十分睿智。我要再举一个例子，以说明他和善的脾性。

有几个年轻人被带到他面前，解释为何在进晚餐时，恶语中伤国王。

"你们真的那样诋毁我了吗？"皮洛士问道。

"我们的确说了，陛下"，其中一个人说道，"若是我们再多喝一点酒的话，我们说的坏话就会更多。"

国王大笑，然后释放了他们，因为他喜欢这种明快直爽的回答。

他想要与罗马人一较高下，因为那个时候（大约公元前280年前后），罗马人在意大利日益崛起，计划要征服西西里岛，以及其他邻邦的广阔土地。

在他们的舰队准备起航的时候，一个朋友问皮洛士道：

"罗马人是很出色的战士。但是陛下，如果我们取胜了，下一步做什么？"

"下一步我们就纵横意大利，让所有的城邦都臣服于我们。"

"那接下来呢？陛下。"

"接下来我们要成为物产丰富的西西里岛的主人。"

"最后要成就什么？"

"还没到最后呢，我们还要跨越大海，征服著名的非洲城市迦太基。"

"非常好，陛下，此后呢？"

"此后我要进军马其顿，这是我很久以来都想要统治的地方。"

"是的，陛下，那然后呢？"

"然后我会征服希腊。"

"此后呢？陛下。"

"哦，征服希腊之后，我就可以轻松一把，吃喝玩乐了。"

"可是，陛下，现在我们不就在放松，不就在吃喝玩乐吗？为何要在地上打那么多仗，在海上吃那么多苦呢？"

但是，皮洛士的享乐就是战争（虽然这是一种坏的享乐），他太不安分了，不会固守家国，以人民的安乐为念。他率领很多战船向着意大利进发，共有步兵 20000 人，骑兵 3000 人，弓箭手 2000 人，投石手 500 人，大象 20 头。舰队中途遭到巨大的风暴袭击，很多战舰连人带船沉入海底。国王看到大军就要四分五裂，于是投海自杀。好几个下属随他跳入海里，从飞溅的浪花中救起了他。皮洛士躺在帆船的甲板上，休息了一晚上，痛苦而且虚弱。天亮了；意大利海岸出现在眼前；士兵、战马和大象登陆之后，皮洛士的内心再次升起了希望。

一开始，罗马人战败了。罗马人虽然勇敢，但看到大象，心中莫名恐惧，因为大象背上扛着小塔，挥舞着象牙，鼻子中还发出鸣叫。意大利人从未见识过这种动物。伊庇鲁斯国王皮洛士向前推进，来到距罗马城门 40 英里之地。他派了一位使节说服罗马投降。使节进入元老院，发现元老院坐着 200 或 300 名老年人。有一句拉丁谚语为 Senatus populusque romanus，意思是说："罗马元老院和人民。"

有元老说，与皮洛士议和是上策，大部分人也认为这是明智的建议。此时，门口一阵骚动。一个老年人乘坐肩舆进来了，他叫阿庇乌斯（Appius），是一个盲人。

"先生们"，他扬起手高声说道，"我曾经因为自己是个瞎子而感到伤心；但现在，我却希望自己既瞎又聋；因为我聋了，就不用再听罗马人讨论如何向敌人卑躬屈膝了。"

老人的精神重新燃起了大家心中的斗志，元老院投票决定战争继续。使节返回，告诉皮洛士：罗马元老院是国王的集合体。

一位叫法布里修斯（Fabricius）的罗马将军被派往敌营，商谈交换战俘的事情——也就是说，伊庇鲁斯人每释放100名罗马战俘，罗马人也要释放100名伊庇鲁斯战俘。国王皮洛士与这位罗马将军畅谈之后，送给他一大笔黄金，但法布里修斯拒绝收下。第二天，皮洛士想要震慑这位罗马人。他命人把最大的那匹大象牵到谈判大厅，用帘幕遮挡起来。与法布里修斯谈判时，国王发出暗号，人们就扯掉帘幕，显出大象，而那头大象抬了抬腿，发出可怕的鸣叫。这位罗马人凛然无畏地抬头看了一眼，然后微笑着转向国王，说道：

"你昨天的黄金未能撼动我，今天的猛兽也休想啊。"

这就是罗马人的气概。

不久之后，法布里修斯成了罗马的执政官，皮洛士的医生给他送来一封信，说如果价钱可以的话，这位医生愿意毒死国王，为罗马人除去心腹大患。法布里修斯人格高尚，不会参与如此卑鄙的阴谋，他把信又寄给了皮洛士。国王读过书信，就处罚了这位背叛者。为了表示对这位罗马执政官的敬重，他释放了所有的罗马战俘。这当然做得非常漂亮。但遗憾的是，人们没有明白,当勇士做出高贵行为的时候,真正高贵的是人的精神,而不是战争行为;有一天世上再也没有战争的时候,人们照样知道彼此之间怎样相待,才是公正的、可敬的做法。

战斗打响了,有一场战斗持续了一整天,直到黄昏时分,双方均损失惨重。皮洛士的将官说他们已经取得了胜利。但是,看着堆积如山的尸体,他回答说:

"像这样的胜利再来一次的话,我们就一无所有了。"

因此,后人称一场惨胜的战斗为"皮洛士式胜利"。

最终,皮洛士被迫离开意大利,而后又离开西西里,他带着自己的败兵乘船返回伊庇鲁斯。但他还是不能安分,与斯巴达的战争随即打响。他带领士兵包围了城池,但斯巴达人誓死抵抗。斯巴达人原想将妇女送到几英里外的安全之地。但一个妇女手提宝剑进入议事厅,声称妇女愿意待在城中,与男人共进退。当斯巴达人垒起土丘抗击敌军的入侵时,妇女就修筑新的城墙,我很高兴地告诉读者,城池没有被攻陷,皮洛士无功而返。

他的最后一战是要攻打希腊城邦亚格斯。一天晚上,叛徒们让亚格斯的城门大开,皮洛士带领士兵和大象蜂拥而入,一度进入到市场区域。然而,在黑暗之中,他一筹莫展,因为在狭窄的街道上,公民和敌人彼此难以辨认。破晓时分,城市的各个地方都发生了战斗。国王所在的地方战事最紧。皮洛士被一杆标枪(短矛)刺中，就当他要反击伤他之人时，一大片瓦砸在了他的脖颈上，使他受到重创。这片瓦是一个老年妇女扔的，她从房顶看到儿子身临险境（因为刺伤皮洛士的就是他），急于要救孩子一命。有人冲上来，砍下了国王的头颅。时为公元前272年。皮洛士再也不能"轻松一把，吃喝玩乐了"。如果他把精力投入到有益的事业中（比如建筑、耕种，或者制鞋），他将是一名多么出色的工匠啊！

"最后的希腊人"菲洛皮门在牢中饮下毒药

最后的希腊人：菲洛皮门

"过来，就是你，来把灶火的木柴给劈了。"

这位希腊女士对恰好出现在她屋门前的人说道，此人身材高大、臂膀宽厚。

"好的，夫人，一定照办。"说完后，他就解开了披风，劈她分配的那堆柴。当这位女士的丈夫回来时，吃了一惊。

"朋友"，他高声说道，"这是怎么回事？"

"是这样的：我相貌丑陋，你妻子以为我是个奴隶，就唤我过来给她帮忙。"

主人大笑。

"既然如此"，他说道，"那就一起吃午饭吧，这是你应得的。"

当这位名叫菲洛皮门（Philopoemen）的大高个儿作为主宾坐在餐桌前时，女主人感到颇为疑惑。菲洛皮门是亚该亚同盟的元帅，前文曾经提到过这个同盟，这位女士错把他当成了自家的奴仆！

他不但个子高，而且强壮、矫健。他热爱劳动，时常到麦格罗波利（Megalopolis，即"大城市"）城郊的庄园去，与农夫一起在花园劳作，或是在葡萄园做工。他也热爱马匹和战争，花了很多时间训练骑兵的战马，并且购置、测试刀剑与长矛等武器。当他与朋友在山村散步时，心里想的仍是战争。他会说：

"如果那片岩崖之间的山坡上驻扎一支军队，而另一支军队则在河对岸，哪一处的地形更好呢？"

诸如此类。此外，他还是一名市政官，要坐在法庭上，听取一些关于纷争和恶行的案件。当他结束了一天的工作回到住所的时候，就会翻翻书，并与同仁谈论智慧（或哲学），以及荷马的诗歌。

159　　他的军队与马其顿国王联合对抗斯巴达人。国王告诉菲洛皮门带着骑兵在某处等待，直到看见长矛上挑出一块红布之时，才开始全力出击。战斗的呐喊声持续了一段时间，菲洛皮门等了又等，眼见敌军步步逼近，马其顿人也开始惶恐。他无法继续等待，而是大喊一声，率领骑兵杀了出去，他们打退了敌军的进攻。菲洛皮门从马上跳了下来，独自冲锋在前，急切地扑向了敌人。地面土质松软，水坑遍地，他滑了一跤，双腿都被敌人投来的标枪刺中。他叫同伴帮忙拔出标枪，然后一瘸一拐，继续冲锋，并招呼身边的人跟上。众人大声呐喊，敌军落荒而逃。

国王问手下军官，为什么自己还没有发命令，他们就开始冲锋了？

"我们也没办法，因为那个来自麦格罗波利的年轻人率先冲锋，我们被迫跟上去了。"

"那个年轻人"，国王笑着回答说，"作风就像一位老将。他知道出击的最佳时机。"

即便没有战争的时候,菲洛皮门也带领年轻的希腊人进行了不少战备训练。他劝说大家穿上全服盔甲,从头覆盖到脚,并教大家马术。

"如果你们之中",他说,"谁有金银酒器或杯盘的话,就带给制盔甲的人,让他们用金银来装饰你们的盾牌、胸甲和嚼环。"

年轻人就照做了。

在一次与斯巴达人的交战中,菲洛皮门与敌军首领相遇,这是一位暴君,正骑着马要跳过深沟。就在战马踏着沟沿的那一刻,菲洛皮门的长矛刺中了暴君,并将之斩杀。

不久之后,很多希腊人聚集在了公共剧场,菲洛皮门开始检阅军队,他的士兵身穿猩红色的铠甲走过,众人无不发出赞叹之声。菲洛皮门走入剧院的时候,正在举行一些活动,一个歌手弹着里拉琴唱道:

"我为希腊赢得了自由的棕榈枝。"

人们高声欢呼,因为大家觉得这句唱词十分适合菲洛皮门。他竭尽全力让各个希腊共和国和平相处,同时,也与北方强大的马其顿国王友好往来,因为,他认为这是让希腊幸福、有序的最好方案。最后,他让斯巴达人也加入了亚该亚同盟,这就使得斯巴达免遭战争——至少一段时间如此。斯巴达人派使节到菲洛皮门家表示感谢,并准备赠给他黄金。他们回来后说,他们不想奉送黄金,因为他们觉得菲洛皮门是个忠诚的人，不会因为自己为希腊的自由尽了一点义务，就接受这笔钱财。

另一个使节被派来了。但是，他虽然与菲洛皮门共进晚餐，却根本没提金子的事情。

这个使节第二次被派来，仍然沉默不语。

第三次被派来的时候，他终于开了口："阁下，请原谅我，但是——啊——好吧，请原谅我要说的这件事，但是——你愿意接受——来自斯巴达的礼物吗？"

菲洛皮门感谢了他，却什么也没有收。

他在亚格斯病倒了，整日发烧，当听到迈锡尼城脱离了联盟的消息时，就从床上一跃而起，召集骑兵队伍，在山上迎敌。有500人的军队增援了敌军，菲洛皮门的骑兵开始撤退，只留下他一人断后。敌人围着他转圈、呐喊、投掷标枪，却不敢靠这位老将军太近。他的战马在峭壁间躲闪，而他最后晕倒跌落马下。他苏醒的时候，发现自己双手绑在背后，被带入了城中。迈锡尼人看到这位著名的将领像个罪犯一样被带着穿行于大街之上，有人暗自伤神，落下了泪水。他被关入了阴暗的牢房之中，没有门，出口处用一块大石头给堵上了。

菲洛皮门躺在地窖之中，披风搭在身上，他无法入睡。他想到了战场，想到了希腊，然后，发现自己身为阶下囚。

牢房中闪过一道光。狱卒一手持灯，一手端碗，站在了囚徒身边。碗中盛着毒药，菲洛皮门明白，他必须饮鸩而亡。当他接过毒药时，问道：

"我的骑兵呢？他们脱身了吗？"

"是的，"狱卒说；"他们几乎全都撤走了。"

囚徒点了点头，似乎十分满意。

"谢谢你的好消息"，他回答说，"若是没听到这个消息就死去，那就更苦闷了。"

他一边说着，一边喝下了毒药，然后躺了下来，立刻断气身亡。

当他的死讯传开，整个大地都笼罩在悲伤的气氛之中。很多人聚集起来，组成了一支军队，向着这个背盟的城市迈锡尼进发，他们攻入城中，抓捕了所有对联盟元帅之死负有责任的人。

菲洛皮门的遗体被火化，骨灰被放到一个坛子或瓮中，由仪仗队带回了出生地。走在最前边的是步兵，头戴由树叶和花朵编织的花冠，以纪念这位逝去的爱国者所取得的胜利。接着是他的儿子，双手捧着骨灰瓮，上面装饰着花环和彩带。最后是大队的骑兵，通往麦格罗波利城的道路旁，挤满了来自城镇和乡村的人们，他们为失去领袖而悲恸地哭泣。

不久，希腊就落入了罗马人的掌控之中。当大家想到这位高贵的元帅，想到他为国家的自由而挺身战斗，其英勇与善良无人可及，人们就送他了一个美丽而又哀伤的称呼。他们称菲洛皮门为"最后的希腊人"。

德目索引

(各条目后页码为原书页码即本书边码。——译者注)

尊敬老人
斯巴达人，6,15
泰摩利昂，107
亚历山大，124

性格
和财富(克罗索斯)，14,15
和财富(亚里士泰德)，22
和金钱(地米斯托克利)，30
多变(亚西比德)，52, etc.
和钱财(佩洛皮达斯)，81
未改变(小狄奥尼索斯)，92-93
公众尊重(泰摩利昂)，107-108
医生的，信任，120-121
与荣华，132

良心
地米斯托克利，29-30
迪昂，100

勇气
斯巴达人，6
激励他人(西蒙)，32-33
激励(日食)，41-42
阿杰西劳斯，66,70-71
亚吉斯，78-79
佩洛皮达斯一生中的，81, etc.
亚历山大和马，116
狄奥根尼，117
亚历山大的希望，118
焚烧行李(亚历山大)，123
鲍卢斯，124-125
与谈话，130
福基翁的榜样，133
亚拉图的一生，143, etc.

说真话，151
阿庇乌斯，154
法布里修斯，154

义务
与谈话，112

自由
雅典人，20
希腊人，62
与专制，65
佩洛皮达斯，81
与礼物，86
迪昂的远征，94
亚拉图的一生，142，etc.

奴役
希洛，2
希洛的造反，36

友谊和忠诚
德米特留斯，136–137

慷慨大度
莱库古斯，6–7
西蒙和斯巴达，36–37

迪昂，98–100
骑士精神（亚历山大），121–122
亚历山大和鲍卢斯，124–125
福基翁，130
法布里修斯和医生，155

诚实与荣誉
火炬手，18
贿赂（西蒙），33–35
欺诈（吉利普斯），47
查荣，83
贿赂（狄摩西尼），114
家族名，123
贿赂（福基翁），131
菲洛皮门，160–161

勤奋
准时（暴君），83–84
参见"和平与战争"

正义
亚里士泰德的一生，16，etc.
伯里克利，42–43
对压迫者（佩洛皮达斯），86，87

不义（狄奥尼索斯的一生），
　88，etc.
泰摩利昂，107
德米特留斯，140
归还财产（亚拉图），145

仁慈
对狗，25
对公众（西蒙），32
对穷人（西蒙），33
对穷困者（伯里克利），40
与威吓，130
死亡时（福基翁），135
死亡时（菲洛皮门），162-163
参见"尊敬老人""慷慨大
　度""慈悲"

国王与统治者，个人品质与人生沉浮
克罗索斯，14，15
在波斯，59，60
大流士，121
鲍卢斯，124
居鲁士，126
德米特留斯与正义，140

慈悲
迪昂，97-100

谦逊
虚荣（波斯人），26
虚荣（亚西比德），51，etc.
虚荣（朱庇特医生），67-68

母亲
尊重，15

和平与战争
帕特农，43-44
莱桑德，45-46
战争与产业，68-69
对比，104-107
皮洛士对战争的热爱，149，
　etc.

坚持
狄摩西尼，109-110
亚历山大缺乏耐心，119

诗歌
的力量，49-50

财富与贫穷
雅典人，10
亚吉斯的改革，73-74

自我节制，自我牺牲，etc.
醉酒的希洛，2
斯巴达的孩子，4-5
地米斯托克利，25
地米斯托克利（挂毯），28
伯里克利，38
无节制的赏赐（居鲁士），62-63
无节制的悲伤（希腊人），126-127
无节制（赫菲斯提昂），126-127
无节制（亚历山大），128
无节制（福基翁的儿子），132-133
福基翁，134-135
沉默的信使，139

生活的简朴
斯巴达人，3
与奢华（克罗索斯），14-15
亚里士泰德，22-23
斯巴达人，55
阿杰西劳斯，71
亚吉斯，73
狄奥根尼，117
福基翁，129
福基翁在家，131，132
菲洛皮门，157，158

国家、政治、立法、爱国主义，etc.
莱库古斯的法律，3-8
爱国主义（斯巴达），5-6
爱国主义（莱库古斯），7，8
梭伦和德拉古的法律，12，13
爱国主义（地米斯托克利），23-24
社会阶级（西蒙），33
给予国家的财富（西蒙），35
爱国主义（西蒙），37-38
美化城市（雅典），39-40
爱国主义（斯巴达），69-70
爱国者-烈士（亚吉斯），73，etc.

社会阶级，74–75

爱国主义（佩洛皮达斯），81，etc.

爱国主义（迪昂的远征），94，etc.

爱国主义（泰摩利昂），101，etc.

对爱国者的感激（泰摩利昂），107

爱国演讲，115

爱国主义（福基翁的一生），129，etc.

劝告与威吓，130

对爱国者的感激（亚拉图），148–149

爱国主义（阿庇乌斯），154

爱国主义（菲洛皮门的一生），157，etc.

对爱国者的感激（菲洛皮门），163

诚实

战争中的欺骗（索奥斯），1

战争中的欺骗（梭伦），9–10

惩罚欺骗（雅典人），10–11

坦率（年轻人），151

智慧

梭伦，8–9

与财富（柏拉图），90

斯提普，138

女人

斯巴达，5–6

协助社会改革，74

列奥尼达斯的女儿，76–77

爱国主义的，79

福基翁的妻子，132

亚拉图被保护，142–143

斯巴达，156

参见"母亲"

罗马名人传

导　读

　　这些传奇式的希腊人和罗马人的传记，几乎算不上正史，但让我感到疑惑的是：罗慕路斯的生平颇为生动、扣人心弦，而特修斯的生平却微茫难求。普鲁塔克从希腊罗马的建国者开始写起，若是天平此时过于倾向罗马人，那么，当他写到莱库古斯和努马，随后的梭伦和波普利科拉（Poplicola），以及第四组传记人物地米斯托克利和卡米卢斯的时候，重心又移到了希腊人这里。直到讲述伯里克利和费边的时候，天平才真正再次恢复了平衡。而在那些将政治智慧置于军事才能之上的人看来，希腊人治理城邦的成就远远胜过了罗马爱国者取得的光荣。

　　当然，从长远来看，罗马的名人数量远远超过了希腊人，但孩子们要明白，罗马时代的历史跨度是希腊时代的十倍，罗马人的心灵受到了罗马伟人思想的熏陶，从城邦的最早期直到帝国衰落的黑暗时期。因此，孩子们应该清楚，在短短的几个世纪内，为数不多的希腊名人，能够决定共和国的兴衰成败，这是何等的光荣和伟大。当孩子们阅读古尔德先生转述的普鲁塔克作品时，需要知道古希腊和古罗马在经历过短暂的暴君统治之后，都成为了共和国，后来才再次落入了皇帝和国王的掌控之中，并且为时极为漫长。这段漫长的时期在欧洲的大部分国家中持续着，但却在整个美洲刹住了脚步。应该让孩子们知道，当时的罗马共和国即便是没有皇帝，自始至终都是少数人统治多数人，就像现在西班牙人统治下的美洲地区一样，然而希腊共和国的情况却不同，希腊民族已经十分接近我们现在的自治模式。也要让孩子们清楚，希腊和罗马的自由是建立在奴役之上的，一些博学而且富裕的人们原本自由地生活在母邦的土地之上，由于突然在战争中被俘虏，或者被海盗劫掠并卖掉，他们就可能被杀死、被鞭打，或者面对最无情的羞辱，只是为让主人欢心。应该告诉孩子们，柏拉图这样不朽的圣贤，是花了几百块钱买断的，而爱比克泰德也曾经是奴隶，经历过奴隶会经受的所有苦楚，聪慧善良的奥勒留皇帝研究的就是爱比克泰德的哲学理论。对于潜藏在古希腊罗马至高至勇的希望下面的这种绝望人群，上层人士并非全然不知，但是，直到基督教的到来，这些长期失去自由公民权的奴隶，才获得了解放。

我认为，如果孩子们了解了这些事实，他们就能够更好地认识到本书中所讲述的那些罗马人的高尚和伟大。孩子们需要明白，人性是复杂的，乃至是相互矛盾的，人性中的善与恶交战的时候，善终会获胜。苏格拉底的确说过，奴隶毫无美德可言，然而，作为奴隶的爱比克泰德在他的书中和生活中所教导的，全都是美德。年轻的读者也要看清楚，在所有的时代，人性都依然能够结出同样的果实。文明的希腊人和罗马人在一方面无论有多么现代化，而在另一方面，他们依然是野蛮的。颇具启发意义和教育意义的是，孩子们要知道，关于政府的最新梦想，在最早期的、最强大的希腊城邦中，就已经成为过现实。莱库古斯的法律所塑造的斯巴达，是一个人人都均享权利和义务的国家。没有谁是穷人或富人，除非别人也是穷人或富人，每个人都为公共的福利而竭尽全力。但是，斯巴达人的公共福利是在战场上取得的，而新近的完美国家的梦想是，人人皆为公共福利而工作，在这里没有贫穷和富有的区别，人们以和平的方式平等享有土地、劳动工具和劳动果实，一切由人民创造，一切复归于人民。

  还有一点需要孩子们关注，那些最聪明、最优秀的古代人，却陷入了对于征兆的恐惧之中，我们现在则会对这些征兆一笑置之。这是因为教育的原因，古人的教育最好也不过是哲学性质的，关注的是人的行为，方式则是通过讨论诸神的道德原则，而诸神其实毫无道德原则可言。而现代教育则是科学性质的，通过更为广阔的知识以及对各种形式的生命的共情，将世界扩展到了无边无际的领域。而罗马世界虽然是完整的文明世界，却只是一个很小的世界，并最终陷入了始终包围着它的、来自未知领域的危险和恐惧之中。

但这个文明毕竟存续了一千多年，这是何等光辉灿烂的世界，又为我们留下了怎样的不可磨灭的记忆！它把我们再一次变得像个孩子一样，想象着罗慕路斯和雷姆斯，想象着作为他们的养母的那条狼，以及他们所建立的那座不朽的城市。我们想到了将王族驱逐的爱国者；想到了辛西那托斯（Cincinnatus），他丢下农田去为国家服务，当国家稳定之后又回归田园；想到了雷古鲁斯（Regulus），迦太基人释放他回罗马，是为了让他斡旋议和，而不是重启战事，而他却光荣地将自己绑缚起来，作为俘虏返回迦太基，并在那里被处死；想到了维吉尼乌斯（Virginius），他宁愿亲手杀死自己的孩子，也不愿让她成为暴君的奴隶；想到了严厉的布鲁图斯，他将自己的两个儿子以叛国罪处死；想到了另一个布鲁图斯，他与人联手杀死了自己的养父——伟大的恺撒，"因为他野心勃勃"想要统治罗马；也想到了伟大的恺撒，他高超的治军之道和治国之道；想到了作为勇士和演说家的安东尼；想到了严厉的爱国者加图；想到了伟大的奥古斯都；想到了那些善良的皇帝，他们在绝对权力这件坏差事中做到了最好。

我希望与过去的孩子相比，今天的孩子们能够看得更清楚，并且明白如果那些将军和爱国者的所作所为是为了帮助他人，而不是伤害他人，那么他们将是更真实、更伟大的英雄。当孩子们读到罗马共和国结束之处时，也就是罗马帝国开始之处时，要让他们知道，为什么是在这个节骨眼上,基督的精神来到了这个世界,将和平与善意带给世人,并教导世人,爱国主义不能局限于一城或一国,也不能局限于部族或民族,而应该致力于全人类的幸福。

W. D. 霍尔维斯

罗马城创建者：罗慕路斯兄弟

牛群在草地上悠闲地吃着草，但附近却看不见放牧人。因为此时，牧人正怀揣着东西，向不远处的大河跑去。当他来到河流旁时，就停了下来。大河流向地中海，水流湍急，隆然作响。

"我不该将他们直接抛入河中，"他自言自语道，"就把他们放在岸边吧，等河水上涨，自然会带走他们。"

的确，上涨的河水逐渐蔓延到了木槽的四周，只见它摇晃了一下然后便漂浮了起来。而里面躺着的正是两个胖乎乎的可爱小家伙———对双胞胎。这两个小王子的舅舅篡夺了他们父亲的王位，而且命令放牧人将这对王子溺死。

台伯河的河水裹挟着木槽，将它冲到了一片绿地上，那里长了一棵无花果树。木槽躺在岸边的草地上，当潮水退去的时候，它依然留在了那里。这时出现了一头健壮的母狼，她用凌厉而机智的眼神凝视着这对婴儿，她似乎认为这是两只急需奶水喂养的幼崽，于是她哺育了这对婴孩。随着他们逐渐长大，开始蹒跚学步，年龄的增长使他们不再需要母狼的乳汁，他们转而从一只友善的啄木鸟那里获取食物。我不知道这只啄木鸟是不是会用它那长长的喙和舌头给这两个男孩它自己平日吃的东西（比如昆虫或者蛆虫），或许这只啄木鸟没那么笨，还能给他们带来草莓或别的水果呢。幸好，过了一段时间，放牧人接着照顾了这两个孩子，这也省了啄木鸟许多的麻烦。

双胞胎兄弟逐渐长大，成为高大勇敢而且强壮的年轻小伙。他们负责为首领阿姆利乌斯看管牛群。一天，突然传来了一阵令人心惊的哭喊声。

"我们的牛被偷了！"

"谁偷走了它们？"

"为首领努米托尔放牧的那群人。"

"跟着我们！"这对身材高大的双胞胎兄弟说："咱把牛群夺回来！"

一场激烈的搏斗之后，两兄弟赢了，牛群被成功夺回。他们知道那些人肯定不会善罢甘休。于是就招募了些逃亡的奴隶和无家可归的人，组成一支队伍，而罗慕路斯（Romulus）被推举为首领。但雷姆斯（Remus）被抓了，并且被押送到了努米托尔的家中。

那位放牧人走到罗慕路斯面前说："你的弟弟现在危在旦夕。他可能会被你的祖父努米托尔处死。"

"我怎么从来不知道努米托尔是我们的祖父。"罗慕路斯回答说。

"然而事实的确如此。你们的母亲是他的女儿。但是阿姆利乌斯窃取了大权，并且想要将你们除掉，于是他便命令我把你们装进木槽扔到台伯河里，这样你们很快就会跟着木槽一起沉下去而被淹死。但是之后情况有变，在一只狼和一只啄木鸟养育你们之后，我接着抚养了你们。"

"我还是很难相信你。"

"好吧，你看这就是当初你和雷姆斯一起漂流的木槽。立刻把这件东西带上，拿给努米托尔。把你的身份告诉他，也许他会饶过雷姆斯的性命。"

罗慕路斯立刻赶往首领家中，闯进了正在审问雷姆斯的努米托尔屋里。罗慕路斯将木槽展示给努米托尔看，并将这个奇怪的故事告诉了他。而努米托尔则细细打量着这位年轻人的面庞，他从这位年轻人脸上看到了一丝自己女儿的影子，于是他确信这位年轻人说的是真的。两兄弟带着一群全副武装的人离开了，他们决定要让舅舅得到惩罚。在这支小军队的前面，有几个拿着旗杆的旗手，旗杆的上面则绑着几束草和灌木枝。他们攻击了暴君的住所，阿姆利乌斯被杀死了。

两个年轻的首领——对他们而言，现在已经是了——决定要建造一座自己的城市。他们把锄头给牛套上，让牛自己去犁地，牛犁出的垄沟最终画成了一个圆圈。他们决定，这个圆圈的边线就是城市城墙所在的地方。但是雷姆斯却从来不帮忙建造城市。他之前已经劝过罗慕路斯，应该将城市建立在另外一个更安全的地点。

"如果你把城市建在这里，"雷姆斯说，"敌人将很容易进来——就像这样!"

说着,雷姆斯就不无嘲讽地跳进了边线之内。

愤怒的罗慕路斯和众人一哄而上,将雷姆斯殴打致死。当罗慕路斯的怒火逐渐冷却,巨大的悲伤立刻笼罩了他;但为时已晚,他的兄弟已经死了。这座继续被建造的城市将以这位活下来的兄弟命名——罗马①。

在罗马城附近的一所小山丘上,你可以看到一些小屋,这里居住的是当年追随罗慕路斯的人,因为他们没地方可去——一些是从领主那里逃出来的奴隶,而另一些则是曾经杀死邻居,害怕被自己部落惩罚的背井离乡者。过了一段时间,你就会注意到这些人分化出了不同的阶层。首先是首领罗慕路斯,他端坐城邦的第一交椅,身着紫色外套,肩披紫色披风。当他巡视这个新城时,扈从则在其前方开道,手里拿着一束笞棒和皮绳。如果罗慕路斯下令抽打某人,扈从就用笞棒对冒犯者行刑;如果他说,"绑了那个罪犯!"扈从就会用皮绳将其捆绑起来。

一百名坐在议院或元老院的长者被称为元老或议员。

强壮而敏捷的少年被选征为士兵——步兵和骑兵。

有些人则观察鸟类的飞行,如果鸟以一种特殊的方式飞行,他们将会说:"此时不宜行动!"如果鸟以一种

---

① 在罗马神话中,罗马城建立于公元前 753 年,按照传统说法,罗慕路斯统治罗马城至公元前 716 年。

观察者认为很好的方式飞行，他们则会说，"时机已到！可以宣战了"，或者"房子可以建造了！"等等。这些人被称为占卜官，是一种祭司。

现在的阶层状况是这样的——国王，元老，士兵，祭司。剩下的那些就是人们常说的平民。

一天，罗马城外举办了一场盛大的宴会。罗慕路斯身穿紫袍，坐在王位上。罗马人还邀请了另外一支部族——萨宾人前来参加宴会狂欢。萨宾人应邀而至，很多萨宾少女都准备和罗马的少年一起跳舞。罗慕路斯突然站了起来，收起了披风。

接着一声大喊，罗马的青年男子冲入萨宾人群中，每个罗马人都抓住一名少女，将其拖入城中，而萨宾男子则被阻拦在外。我怀疑这些萨宾少女事先已经知道了将会发生什么，可能她们同意被这样带走。故事的发展显示这些萨宾少女都和罗马的年轻人结婚了。罗慕路斯亲自制定了这个掳婚方案，因为他觉得一个女人很少的城市是没有多大用处的。毕竟没有女人，何以为家啊。

萨宾人和罗马人的战争接着持续了很多年。最终，这天终于到来了，当双方都曾奋力拼杀，都曾败逃亦都曾重装上阵时，一群妇女冲入两军之间，她们头发凌乱，发出令人心碎的哭声。一些人带着孩子，一些人跪在地上，伏在尸体上痛哭。一位妇女说出了下面的话："哦，男人们啊！你们是不是觉得对我们女人伤害得还不够多啊！我们被带走，远离父兄。现在我们看到的是什么？我们的父亲、兄弟在和自己的丈夫拼死搏斗。这场战争已经夺走了太多的父亲、兄弟和丈夫，我们恳请你们停止战争吧！"

罗马人和萨宾人听到女人们的祈祷和呼喊之后，达成了和解，后来融合成了同一个种族。如果今天地球上的所有民族也会这么做，那该多好！所以你们这些读到这一页的女孩子们都要致力于为世人缔造和平。

但是有一位妇人却并没有如此高尚。在我刚刚告诉你们的那个和平协议达成之前，有一次，萨宾人围攻罗马城，一位名叫塔皮亚的罗马妇女告诉敌军，如果他们肯将戴在左手上的金手镯给她的话，她就在夜里偷偷给他们打开罗马城的大门。于是他们同意了这位罗马妇女的要求。她打开城门，萨宾人冲了进来。但是他们瞧不起叛徒。萨宾首领将手镯扔给那名妇女的同时，把盾牌也同时掷了出去，其他的士兵也纷纷这么做。结果，这名狡诈的妇人就被淹没在一堆沉重的盾牌和手镯中，死了。不过，萨宾人也没有赢得战争。

罗慕路斯统治了罗马城很长时间。一天，当他在人群中间参加一场集会时，天空逐渐暗了下来，雷声滚滚，风暴骤起。不久，天空又逐渐明朗起来，但是罗慕路斯却不见了。人们说是天神将他带走了。当然，这只是传说而已。

此事发生不久，当人们齐聚在元老院时，一名议员走进来高喊道："各位同胞，我看见罗慕路斯了！"

"是在哪里？怎么见的？"

于是他讲述了这样一个故事。

他在离城不远的路上遇到了身着闪亮盔甲的罗慕路斯。

"为什么？我的国王，你要离开敬爱你的人民？"

"我亲爱的朋友，我居于尘世，建造了一座城市，做好了我的分内之事。现在天神要召我去天堂了。永别了。去告诉罗马的民众，坚守勇敢和节制，他们将会成为世上最伟大的民族。"

母狼乳汁喂养了罗马城的创建者——罗慕路斯兄弟

古罗马国王：努马

一位国王在林间小道上逡巡，头顶和两旁都是林木投下的浓郁的凉荫。山林中罕有人声，只有微风的叹息和小溪的沉吟。

这位国王名叫努马（Numa）。他坐在一块圆石头上，旁边有一个池子。溪流从池中涌出，水花溅落在山石。

水面一阵波动，努马紧紧盯着波纹观看。只见一位身披墨绿色衣服的女神从池水中升起，坐在一块石头上，对着国王微笑。这位国王并不是第一次见到她，他常来探访这个地点，同森林中的宁芙女神交谈。

"唉，努马，"她说，"你是不是已经将那两个小精灵抓住了？"

"是的，我见到了您告诉我的那个喷泉，将事先准备好的酒倒入其中。当这两个小精灵过来喝水——"

"他们看起来像什么，努马？"

"其中一个像森林里的滑稽小老头，留着山羊胡；另一个像啄木鸟。它们喝了泉水之后，不胜酒力，于是便昏睡过去。我爬过去抓住了他们，一手一个。"

"放走他们了吗？"

"是的，但他们必须告诉我抵御雷电的魔法，还有洞悉未来、预知前程的神奇方法。"

"那魔法是怎么样的？"

"他们告诉我，将三种奇怪的物件——洋葱，头发还有鲱鱼头混合起来制成一种浆糊；如果我喝下一点，就可以免遭雷电的打击，并能预言未来。"

"非常好，努马；那么祭司们修好台伯河上的那座桥了吗？"

"是的，他们已经派人去了，将新木梁固定在桥上，使桥能够抵御台伯河水的冲击。罗马人过桥无需再提心吊胆了。"

"公民是否服从祭司呢？"

"是的，前些天，祭司们说罗马人需要节假日，那天什么活儿也不用干；然后城中的每一名工匠果真都放下了锤子、锯子等工具。而当祭司说该在谷田里播种庄稼了，大家立即照办。"

"这是对的。那四名侍奉圣火的贞女是否履行了她们的职责？"

"是的，照您的吩咐，我让她们身着素装，看守祭坛圣火昼夜不息，这样罗马人就有安全感。每当奉火圣女走在城市街道上的时候，就有侍卫官持笞棒开路。上周，一位圣女乘肩舆过街时，恰好有一名男子经过，此人因犯罪要被处死。但我们赦免了他，因为他遇见了贞洁的圣女。"

"这确实是我吩咐的。那20名传令官的房子建好了吗？"

"是的,女神。假如我们和某个部落发生冲突,若非得到传令官的许可,绝不会私下开战。"

"那11副盾牌制好了吗?"

"我已经安排了能工巧匠。那个盾牌从天而降,是神赐予我们的礼物,而工匠的技艺巧夺天工,仿造的盾牌十分逼真,你都无法分辨出哪一个是神赐予的,哪一个是仿造的。我已经挑选了12名有活力的年轻人带上它们去表演战神之舞。您告诉过我他们该怎么做吧?"

"那是关于跳舞的仪式,努马。战神之舞只能在特定的月份举行——"

"是的,在三月份,为了致敬伟大的战神马尔斯。"

"不错,努马。这12名年轻人要穿上紫色坎肩,束上闪亮的黄铜腰带,戴上铜质头盔。他们必须手持短剑,沿街舞蹈时,要用短剑击打盾牌,务必要使节奏和步伐保持一致。"

"这场表演将会让罗马人感到过瘾。"

"是的,努马。这将使人们明白,罗马城的坚固,不是因为她的城墙,而是因为那些勇敢的士兵,他们手持盾牌和宝剑,为了保护罗马,随时准备为同胞而献出生命。"

"那么女神,现在我想问一下该如何制止公民侵占他人的土地,因为他们经常——"

"时机未到,努马。我们已经谈论了很长时间。交谈有益,沉默亦是金。现在你需要走过去拜访一下森林女神了,她把手指贴在唇边,就在那边的一棵无花果树下,你会找到她的。"

于是努马走到那棵无花果树的凉荫下。一位女神坐在那里,她把手指贴在嘴唇上,寓示她在的时候谁也不许说话。她望着森林的深处,仿佛在认真地思索着什么。努马也学她的样子,坐着一动不动,回想着宁芙女神给他的那些建议:罗马城、祭司们、传令官、奉火圣女、战神之舞的表演者、城中家家户户的居民,以及维持秩序的各种良策,以便人人舒心自足、安居乐业。

啄木鸟在啄着树干,但努马充耳不闻。松鼠在树枝之间跳来跳去,努马却视而不见。最后,这位沉默的女神起身离去,努马也站了起来,下山回了他的王宫。

努马再次来到了森林中那个愉悦的角落,又见到了清泉女神。

"努马,上次你问我如何阻止公民相互侵占土地,现在我就告诉你。"

"谢谢你,森林的宁芙女神。"

"在两个农场或花园中间要挖一个洞。让人们在那个洞中倒入为祭祀神灵而宰杀的动物的血液。向洞中洒上酒水、蜂蜜、植物种子和芬芳的香料。然后用丝带和鲜花装饰一块大石头,把石头竖立洞中,露出地面。边界的其他地点也依样摆放石头。"

"谨遵您的指示,女神。"

"哦还有，努马。假若有人试图欺骗他的乡邻，把界石拔出地面，移往他处，以扩增自己的土地，这人和他的牲畜必受诅咒。"

"是的，他活该受到诅咒。"

"任何人抓到这样的奸诈之徒都可以杀之，这不算谋杀。"

"这挺可怕的，但也应该如此。"

"另外，在每年的二月份都要举办一场宴会。界石两边的乡邻们需带上自己的妻儿和奴隶齐聚一处，将鲜花放在界石上面，并用糕点供奉守界之神特耳米努斯。人们平和地聚在一起是件好事，让他们对界石表以尊重，牢记不可侵夺邻居的财产。"

"我还有件事想要询问您。罗马人和萨宾人虽然同居于罗马城，但双方相处并不友好。"

"命令所有的鞋匠都迁居于城中的一个固定区域，无论其为罗马人还是萨宾人。他们将会有一个自己的社团或者团体。他们会在共用的大厅中集会，制定鞋匠行业的守则。同样，音乐家、制革匠、珠宝商、金匠、泥瓦匠、染工、铜匠、陶工等一系列行业也要依例而行。"

"我会遵命而行。此外，女神，我想把年月算得精确一些。"

"努马，那么一年中有多少个月份呢？"

"十个。"

"是的，不过你现在必须使用 12 个月份了。目前，你们一年之中的第一个月份是 March——举行战神之舞的月份；而第十个月份，即 December，是最后一月。"

"的确如此。"

"那么，努马，告诉罗马人使用这样的历法：一月，January；二月，February；三月，March；四月，April；五月，May；六月，June；然后是第七和第八个月份；九月，September；十月，October；十一月，November；最后一月，December。"

"我会把所有这些解释给罗马公民听的。"

"那么现在，还是去沉默女神那儿吧，思考我刚才的话语。再见，努马。"

以上我给你讲述的仅仅是一个传说或者神话罢了。也许这个名为努马的国王压根就不存在，尽管传统上认为他是罗马人的第二个国王（前715—前672），此外，森林中当然没有什么叫埃杰莉亚（Egeria）的清泉女神。但很多年来，罗马人都深信努马是远古时代的罗马国王，从清泉女神那里获得了智慧。的确，管理城市和国家需要智慧，因为人的欲望强烈且难以约束。研究统治之术的人被称为政治家，而那些统治者则被称为政客。在很多方面，罗马人是一个伟大而有智慧的民族，我们可以从他们的城市和共和国的历史中学到很多经验。政治家可以通过读史，通过遵从圣人之言来习得政务，也可以通过实践，改变不适用的习俗和法规，并制定合乎时宜的新规则。我们应当对那些伟大的政治家表示敬意，比如，古希腊的伯里克利，古罗马的恺撒，荷兰的威廉·奥兰治，英国的奥利弗·克伦威尔，美国的乔治·华盛顿和亚伯拉罕·林肯。

NUMA & THE NYMPH.

努马国王与宁芙女神交谈

为罗马人甘受苦难：布鲁图斯①和穆蒂乌斯

　　一个罗马奴隶走进了一间黑咕隆咚的屋子，去寻找他的主人需要的东西。这屋子是个杂物间，废旧的家具摆放的到处都是。

　　正当这个奴隶准备离开的时候，他听到了一阵细微的脚步声和窃窃私语。借着一点昏暗的光线，他看到一群年轻人走进这个房间，并朝四周看了看，仿佛在确认无人偷窥他们。

　　"没人会注意到我们在这里。"其中的一位年轻人说。

　　这个奴隶将自己藏在一个巨大的衣柜后面。他尽量屏住呼吸，觑视着这些人，想要观察他们到底要做什么。

　　"你把血带来了吗？"其中一个声音问道。

　　"都在这个杯子里面呢。"另外一个声音回答道。

　　"都到齐了吗？"

　　"嗯，布鲁图斯的儿子提图斯（Titus），提图斯的哥哥提比略（Tiberius），还有其他人全都到了。"

　　"大家准备好为塔克文（Tarquin）而战了吗？"

　　"是的，准备好了！"

---

① 从此布鲁图斯这个姓氏成为共和制度的等价词，对罗马共和国意义重大。

"他是我们正统的国王,我们期望他可以王者归来。"

"喏。"

"那个铁血的执政官——布鲁图斯必须被铲除!"

"是的,他必须被除掉!"

"即使他是我们在座的朋友提图斯和提比略的父亲,我们依然要这么做?"

"没错!"

"为了罗马的利益,我们将忠于这项伟大的行动!"

"当然!"

"那么让我们共饮此杯!"

"干杯!"

躲在衣柜后面的那个奴隶惊骇不已。他看到这些年轻人,一个接着一个,将那杯红色的液体啜入口中。这一步是他们彼此宣誓要共同图谋除掉布鲁图斯的仪式。时值公元前 510 年。

"我们将会给塔克文国王写一封书信。"其中一个人擦了一下嘴巴,说道,"我们需告知他我们准备刺杀布鲁图斯和另一名执政官,希望到时候可以尽快将其迎回,让他重新带领我们执政罗马。"

这封信写在一张羊皮碎片上,然后被折叠了起来。

"你,兄弟,"其中一个阴谋者对他旁边的一个人说道,"你是塔克文的朋友,你负责将这封信带给他。"

"我会带给他的。我先在阿奎莱(Aquilii)的房子里待会儿,几个小时以后我就会离开这座城市,给我们的国王带去这令人振奋的消息。"

"开始行动吧。"

他们都悄然离开,就像小偷从后门偷偷溜走一般。

这名奴隶从藏身之处出来之后,自问道:"我该怎么办呢?执政官们身处险境。我怎敢告诉布鲁图斯,我们的元老大人,他的儿子竟然要刺杀他!这太骇人听闻了。但是如果我什么也不做,那执政官可能就会遇害,到时候,罗马城也会落到那个昏君塔克文的手里了,此人之前的所作所为已经令罗马人愤恨不已了。"

他决定去求见瓦列里乌斯(Valerius),这是一名诚实正直之人,见到他之后,这名奴隶将自己的所见所闻全都告诉了他。

"待在这个房间里别动",瓦列里乌斯说,"直到我派人传唤你。我现在就去阿奎莱的房子那边,去探查一下那里是否真有这样一封信。"

他又吩咐自己的妻子说:"看住房子的大门,在我回来之前,不要让这个奴隶离开。"

于是,他带领他的一群朋友和奴隶快速赶往那里,所有人均佩带了武器。他们抵达阿奎莱的房子之后,强行而入,将此处的上上下下、里里外外都搜查了一番之后,发现了那封信。正在此时,一阵骚乱从屋子的大门那边传来。那些密谋者得到警报之后,慌忙前来拼死抢夺那封致命的信函。但为时已晚。他们被擒住并押往元老院的议会场所,这是一个四周由台柱环绕的露天场地，也被称为"广场"。两位执政官被从家中请来。他们坐在法庭中，旁边站着手持笞棒的护卫官，这束笞棒上面还捆绑了斧头。其他很多元老也端坐于大厅，四周则围了一大群罗马公民。头顶的天空蔚蓝而平静，但谋逆者的心却惊骇地跳动着。

这名奴隶被带到跟前。他讲述了他的经历。信件被公示并大声宣读出来。事实已经很明显，他们是罗马的叛国者。而罪魁祸首则是提图斯和提比略，那位坐在法庭上的执政官的两个儿子。

死一般的沉静顿时降临。坐在布鲁图斯旁边的执政官眼中的泪水不禁夺眶而出——不敢想象布鲁图斯竟会有这样的儿子！布鲁图斯将会怎么做呢？

"他最好将儿子发配到一个偏远的国家，"人群中有人低声说。而站在那里的人们也低声附和着说："是啊，这总好过让他亲手把儿子送往断头台吧。"

20　　此时布鲁图斯严厉地望着两个儿子，说道："你，提图斯，还有你，提比略，你们为何不对控告提出异议呢？"

没有应答。

"你，提图斯，还有你，提比略，你们为何不对这控告提出申诉？"

还是没有回答。

"你，提图斯，还有你，提比略，你们怎么不对这控告提出申诉呢？"

三次发问,均是无应答。

布鲁图斯把身子转向了护卫官。

"侍卫们,"他说道,"剩下的事情就交给你们了。"

于是,护卫官们抓住这些年轻人,脱下了他们的外套,使他们双手倒绑、趴在地上,并用棍棒抽打他们。

布鲁图斯沉默不言。他就直视着这一幕。

最后,护卫官们拿出斧头砍下了布鲁图斯两个儿子的头颅。

这位失去儿子的父亲站起身,穿过那死一般寂静的人群,回他的住处去了。

"噢——",一些人哭着说,"布鲁图斯这个人太残忍了,竟然将自己的儿子判处了死刑。"

"不是的",另一些人说道,"他无时无刻不爱着他的儿子,但是作为罗马的执政官,他有责任和义务去捍卫罗马不受她的敌人侵犯。"

剩下的叛国者也被处以死刑。而那位奴隶则在罗马城获得了自由。从今以后,他就是一名罗马公民,而不再是一个奴隶了。他是第一个被释放,也就是获得自由的罗马奴隶。他拥有选举权,可以像其他罗马公民一样在公民大会上进行投票。

谁能说出当布鲁图斯看到自己儿子被处死时心中所承受的痛苦呢?为什么他要承受这样的痛苦呢?因为他爱自己的骨肉,但更爱心中的正义。

我要告诉你们另一个生活在同一时期的罗马人的故

事，为了罗马的利益，他也承受了巨大的痛苦，尽管这是另一种痛苦。

前文提到的塔克文国王，是王政时代的最后一位国王，约公元前534—前510年统治罗马。他结交过波尔塞纳（Porsenna），伊特鲁里亚人①的国王。波尔塞纳派兵围攻罗马城，企图使塔克文复辟。罗马人陷入了巨大的危难之中。城内粮草殆尽，而城门外的敌人却依然强大。

一天，波尔塞纳和他的亲贵们正坐在营帐之中，商议如何采用一种最佳方式攻下罗马城。从营帐里面向外望去，他们可以看到台伯河和横跨河水的木桥。还可以望见罗马城高大的城垣和神庙的屋脊，以及卡皮托山的山峰。

一阵呼喊传来。波尔塞纳国王的一名指挥官被一个陌生人刺倒在地。一场搏斗之后，陌生人被拿下，押到了国王跟前，他的剑也早已被夺走。离国王不远的地方有一个小型的青铜祭坛，祭坛中的火焰左右飘荡，国王正准备为伊特鲁里亚人的天神焚烧祭品。

"你是何人？"国王问陌生人道。

"我是一名罗马人。"

"你叫什么名字？"

"穆蒂乌斯（Mutius）。"

---

① 伊特鲁里亚文明位于今意大利半岛及科西嘉岛，全盛时期为公元前6世纪，后因古罗马的强盛而衰落，最后被同化。

"你为何刺杀我的军官。"

"我以为那是你,阁下。我想要杀的人是你。"

穆蒂乌斯正说着,伸出自己的右手,将其猛地插入祭坛中那正熊熊燃烧的火焰中,他手上的肉很快就烧焦了,但是他却毫无惧色。他坚毅地凝视着国王的脸。

"快将你的手拿开。"国王喊道:"勇士,这是你的剑。"

穆蒂乌斯用他的左手接过宝剑,将右手从火焰中移开。但是他从此以后再也不能像以前那样灵活地使用他的右手了。

"国王大人",他说,"您看,我们罗马人在报效国家时是不惧痛苦的。为了罗马的利益,我们时刻准备着牺牲掉自己的右手,自己的心脏甚至自己的生命。我不是唯一一个愿意这么做的人。如果我没能成功,城中还有三百个年轻的勇士立誓要杀死你。在任何时刻,他们当中的任何一个人都有可能会攻击你,即除掉伊特鲁里亚人的国王。"

国王很欣赏穆蒂乌斯的勇猛,亦很敬佩罗马公民的精神。他放穆蒂乌斯离开,并同罗马城缔结和约,带领军队回到了自己的国家。

布鲁图斯,为了心中的正义和罗马城的利益,忍受情感和心灵上的痛苦;穆蒂乌斯,为了罗马的存活,承受身体上的痛苦。他们都不仅仅独善其身,而是兼济天下。

公元前390年,高卢首领布伦努斯攻陷罗马,向罗马人索要黄金

女性拯救罗马：科里奥兰纳斯母子

"同伴们，让我们逃离这座城市吧！"

"我们要即刻出发！"

"意大利有广阔的天空和充足的水源，我们没有必要非得待在罗马。"

"我们可以接受死时被埋葬在罗马城之外。"

"行动吧！"

就这样，罗马的普通人或者说平民，一边携妻带子在街道上行进，一边彼此喊话。他们认为自己被那些富人——人们称之为贵族的家伙们怠慢对待了。他们做着罗马城最辛苦的工作，砍柴、挑水、建屋、种田，却不被允许公平地分享管理城市的权利。

元老院的长老对此事很是忧虑。

"我们不能没有那些劳动平民，"他们说道，"我们必须想方设法把他们吸引回来，要不然他们就会建立一座新的城市。"

几名元老院成员被选出去追赶这些平民，负责将他们劝回来。这些人当中的首领便是阿格里帕（Agrippa），他非常诚挚地对民众说道："朋友们，罗马的公民，我的同胞们：元老院希望你们回去；你们将获得公正的对待。你们可以选出一些人与元老院成员平起平坐。我们离不开你们,你们也需要我们。"

"呃,我们还需要你们这些贵族呀?"有平民低语道。

"罗马的公民啊,让我给你们讲一个寓言吧。曾经有一个人,这个人的腿、胳膊、手指、脚和嘴巴发动了一场对他胃部的伟大抗争。他们觉得嘴能言语、腿可行路、臂可屈伸、手指能工作,脚亦可踩踏,唯有胃什么事都不干。于是这个胃一气之下便真的像被指责的那样什么也不干了。不久,这个人的身体便憔悴地只剩下皮包骨了。罗马人正如人身体的各个部分一样,也彼此需要。无论是战时还是和平时期,贵族们都离不开你们这些劳动者,你们也需要贵族们的领导和建议。回到罗马吧,我们将会同意你们选出 5 名男性公民,作为保民官,他们将入职元老院,同元老院的元老们一起管理这所城市。"

平民们便回来了,元老院大厅亦为 5 位保民官设置了相应的席位。每当元老们想要制定一部看似对平民不太公平的法律时,保民官便会从席位上豁然起立,喊道:

"Veto!"

这个词语的意思是"我反对"。

同一时期,在这些贵族当中,有一个情操高尚的人,名为马尔西乌斯(Marcius)。在围攻沃尔西人的都城科里奥利时,他表现得非常英勇,奋战在战事最紧的地方，满身都是汗水和血迹。在攻下这座城市之后，士兵们一致同意用攻取的这座城市作为他的新称呼：科里奥兰纳斯（Coriolanus）。罗马人抢夺了大量的战利品，金、银等等。这些战利品放在士兵前面，堆积如山。罗马的执政官告诉科里奥兰纳斯说，他不但可以获得一匹骏马，还可以获得这些战利品的十分之一。

"不，"他说，"这匹马我要了，但是，这些战利品还是分给战士吧。我会和其他人一样，拿走属于我的那一份，一点也不多要。不过，我的确需要一项恩赐，长官。"

"是什么？"

"在这些沃尔西俘虏中，有一个人是我的朋友，依照惯例，他将会作为奴隶被售卖。请赐这人以自由吧，他曾经善待于我，是一位有德之人。"

全军都对他这一举动肃然起敬，执政官也准许了他的请求。

科里奥兰纳斯生活在公元前 5 世纪上半叶，17 年里，他为罗马城征战，参与城市的管理。最终，他当选为执政官。但麻烦也随之来了。他一直都不喜欢保民官。他觉得罗马给予平民的已经太多了。作为贵族阶层一员的科里奥兰纳斯觉得上层阶级应该牢牢握住对那些不甚富裕和其他更加愚昧阶层的统治权。但当时，你知道的，平民不会认为自己更贫穷或者更愚昧。当叙拉古的国王送给罗马的礼物，一大批粮食，被运进罗马时，平民看到那些装满货物的马车和拉着马车的骡马，都希望可以无偿或者免费分得自己该有的一份。

"不行，"执政官对元老院的众人说道，"我们一定不能向民众屈服，进而取悦于他们，满足他们所有的要求。如果我们这样做了，那他们的需求就会无穷无尽，到时候罗马城将陷入混乱，毫无秩序可言。"

一听到这些，保民官便奔向各个街道，将市民召集过来。元老院的会议也在混乱中被打断了。

第二天早上，元老们再次集合在广场上，商讨如何以一种最佳的方式处理这些谷物。一些人希望可以将其以低廉的价格售卖给公民。科里奥兰纳斯却说："不行，"他表情傲慢，言语中夹杂着愤怒。

"应该处死他。"保民官喊道。

他们打算将科里奥兰纳斯拖到塔尔皮亚之岩①，然后将其扔下悬崖。他的朋友们则为其辩护。最终，双方一致同意科里奥兰纳斯将在罗马公民大会上接受审判，审判这天定在一个特定的集市日。审判如期举行了。大多数人投票反对他。他将会受到什么样的惩罚呢？终身流放！他将永远不能踏足罗马。朋友们陷入了深深的悲伤中。科里奥兰纳斯则头脑冷静且不动声色，先是回到家中吻别了母亲和妻子。之后，便在一群贵族的拥簇下

---

① 在罗马远古时代，对待叛国投敌的自由公民和犯盗窃罪的奴隶，会把他从塔尔皮亚之岩上抛下去摔死。

坚毅地走向了城门,在那里,众人与他道别。只有三四个同伴陪着他走到郊野,并在一个农舍逗留了一阵儿,然后,他就独自踏上了流放之路。

科里奥兰纳斯将自己扮成一个衣着简陋的农夫。他将去往何处呢?事实上,他已经下定决心要投靠罗马的敌人——他曾经与之奋勇战斗过的沃尔西人。

一天晚上,他抵达了安提乌姆城,走在城内的街道上,没人认出他来。经过贵族提留斯的门前时,他停下了脚步。进屋之后,他坐在火炉边,蒙着头一言不发,挨着供奉家神的灶龛。任何坐在家神神像旁边的人都应被视作处在他的庇佑之下,不能遭受侵犯。因而,房子里的人对突然出现的这个陌生人大为惊异,立即去提留斯用晚膳的房间向他报告。

"你是谁?"提留斯问道,"你到这里有什么目的?"

这个罗马人摘下斗篷,露出面容,说道:"你不认得我了吗,提留斯?我曾经是你们沃尔西人的仇敌。那座我攻下的城市——科里奥兰纳斯,即是以我命名。但是,我所有的奉献换来的却是恶意的回报。那些平民中的暴徒欺侮我,贵族则出于懦弱不敢施以援手。我想要报复罗马。我来此加入你们沃尔西人。我将为你们而战,势必比当时同你们作战时更加英勇。"

"欢迎!欢迎!"提留斯激动地说,"我们很荣幸成为您的朋友,亦很感激您加入到了这场反抗罗马人的斗争中。"

他们围着桌子坐了下来,就如何采用最佳方式作战促膝长谈。

一天,提留斯召集沃尔西人举行大会,告诉他们这位来自罗马城的新盟友或者伙伴。科里奥兰纳斯出现在众人面前并致辞。他们都被科里奥兰纳斯的演说感染了,呼喊说愿意追随他赴汤蹈火。

带领着沃尔西人的军队,科里奥兰纳斯朝他的故乡罗马行进,一路焚烧农屋和村落,攻占要塞,击退一拨又一拨试图阻止他前进的罗马人。罗马城警钟四起。妇女们沿着街道奔跑,老人们则跪倒在众神祭坛前,不断祈祷。

曾是科里奥兰纳斯朋友的几位元老,决议要去营地同他协商。

"我同意讲和,"他对这些信使们回复道,"条件是你们须归还所有从沃尔西人手里夺走的土地。我给你们30天的时间考虑这件事情。"

30天之后,他们来到科里奥兰纳斯的营地说如果沃尔西人停止兵戈,罗马人愿意让出部分土地。

"不行,是全部,"他回答道,"再给你们三天时间考虑,否则我将继续进攻了。"

罗马城的第三方势力也来了。他们是带着魔棒和法杖的祭司们。科里奥兰纳斯以同样坚决的态度回绝了他们。

一个富有智慧,名为瓦莱里娅(Valeria)的夫人想到了一个计策。她领着一群罗马的已婚妇女,去瓦罗穆妮亚(Volumnia)——科里奥兰纳斯年迈的母亲的家里拜访。她们发现,瓦罗穆妮亚正和自己的儿媳,科里奥兰纳斯的妻子坐在一块,科里奥兰纳斯的孩子们则依偎在母亲和祖母身旁。

"我们找您,"这些拜访者说,"是以女人的身份来的,不是出于元老或执政官的派遣。我们来这里是要恳求您帮助,和我们一同去面见科里奥兰纳斯。告诉他,尽管他投靠了敌营,而你作为他的母亲,并没有受到罗马人的伤害。你将会使他的头脑更加清醒。"

瓦罗穆妮亚答应了她们的请求,领着儿媳和孙子们,同一群罗马妇女一起走向沃尔西人的营地。将军则坐在他的帅椅上,当他看到有一群人前来的时候,觉得这肯定又是那帮元老们。当这些人走近时,他吃惊地发现是一群妇女。他一看到自己的母亲、妻子和孩子们,就从椅子上一跃而起,奔向他们,亲吻着他们,泪水滚落了下来。

"儿子啊,"他的母亲说道,"你也看到了,我们是多么难过。罗马城的妇女们同样如此。当我们看到一个罗马人率军攻打罗马城时,我们又能有怎样的心情呢?战争即将打响。不管哪一方获胜,我们都会痛心。你的妻子要么看着罗马被毁灭,要么看着你被毁灭。如果你赢得了战争,你的军队开进罗马时,将从你母亲的尸体上跨过;因为我不愿看到罗马城被我的儿子攻陷。议和吧，我求你了。沃尔西人很强壮，达成和解也将是他们的荣耀；罗马城也会感激你的。你的母亲为你付出了这么多。你又曾为她付出过什么呢？"

说着，这位年迈的妇人跪倒在科里奥兰纳斯的脚下，他的妻子和几个孩子也随即跪下了。

31　　"唉，母亲！"科里奥兰纳斯将母亲扶起，痛哭道，"您这是做什么？母亲，您已经赢得了胜利，拯救了罗马城，但是亦毁灭了我。"

他将这些妇人送回罗马城，接着第二天早晨，他便率领军队从罗马城撤回到沃尔西人的领地了。而沃尔西人之所以同他一起撤退，则是因为他们深知只有科里奥兰纳斯才有足够的能力带领他们抗衡罗马。没有他的领导，这场战争的胜算微乎其微。罗马人欢欣鼓舞，市民们聚集在神庙中，纷纷向众神的祭坛上献上花环。所有人都对那些勇入敌营请和的妇女大加赞赏。

元老们聚在一起颁布了一项政令：那些妇人可以选择她们想要的任何奖励。

"我们只想要一件事情，"罗马的那些妇女说，"允许我们为妇女们的幸运之神修建一座神庙。我们自己会承担修建的费用。"

元老们表示修建神庙的费用理应由公费承担。不过，罗马的妇女每人都捐出了她们力所能及的钱去修建神庙；当神庙修成之后，它屹立在罗马城外约四英里的地方，就是当时科里奥兰纳斯扎营的地方。而该神庙的第一任女祭司则是位年迈的母亲,那个曾经拯救过罗马城的女人。

此事不久,科里奥兰纳斯就被人用匕首刺杀了,刺杀者是那些对其放过罗马城感到恼恨的沃尔西人。

我不知道你会怎么看待科里奥兰纳斯的行为。但我确定的是,你会对瓦罗穆妮亚和那些妇女表示钦佩。而读到这个故事的女孩子们,我希望你们明白,自己也是可以为家乡和祖国尽一份力的。

公元前5世纪,兵临城下的罗马"叛将"科里奥兰纳斯,面对母亲和其他罗马妇女的哀求,而左右为难。

罗马城的重建者：卡米卢斯

罗马军队的将军站在一座高塔上，巡视着城内。从那里他可以看到这座城市的街道。人们在街道上大呼小叫地乱窜着。房屋燃烧着，罗马士兵正忙着搜刮战利品。这所城市曾经属于伊特鲁里亚人，不过经过10年的围攻，现在终于被罗马人攻陷了。

"这是一场伟大的胜利，阁下，"这位将军的一个朋友说道。

然而这位名为卡米卢斯（Camillus）的将军，却将双手举向天空，如是祈祷道："哦，众神啊。如果你们觉得罗马已经有太多的荣耀，如果你们觉得经过此役的胜利，我们罗马人需要经受一些困苦方能远离傲慢，哦，众神啊，我希望您可以将这厄运降到我自己的身上，而非罗马人的身上。"

以此看出，卡米卢斯爱祖国胜过爱他自己。

卡米卢斯又陈兵围攻了另一所城市。他的军队已在这所要塞的四周驻营，将其团团包围，不过在罗马营地和这所城市的城墙之间还隔着一片空旷的草地。一位老师时不时地会将学生们带出城外，在这片空地玩耍。起初，他们只在城墙附近嬉戏。渐渐地，师生们离罗马营地越来越近。一天，这位老师领着孩子来到营地的守卫跟前,说道:"我来是要向你们投降,这些孩子任你们处置。"

老师和学生都被带到卡米卢斯跟前。老师觉得这位罗马将军会非常高兴,因为这么多被困市民的孩子都落到了他手里。但是卡米卢斯并没有这么想,他严肃地看着这个叛徒说道:"战争是一种野蛮的行径,很多残忍的行为都会发生。但即使是战争,也有原则。为了人类的尊严,我们理应遵守这些原则。把你用卑劣手段带到营地的孩子们当做俘虏,无疑会使我蒙羞。"

卡米卢斯转向护卫官,命令他们将这位老师抓起来。护卫官将他的手绑在背后,并将笞棒交给那群孩子。

"孩子们,"卡米卢斯说道,"将他押回城中去吧,他是个叛徒。"

家长们早都聚在城墙上,沉浸在失去孩子的巨大悲痛之中。正在这时,让他们意外的是,这群孩子回来了,年龄稍大的孩子正用笞棒抽打这个叛徒的脊背。

不久这座城市就向罗马屈服了。

卡米卢斯属于上层或者富人阶层。而穷人或者说是平民常常会同富有的邻居们发生争执。而我则不得不遗憾地告诉你们,即使在今天,穷人和富人之间的争执依然存在。平和如卡米卢斯这般,也因其所行所想使大多数公民不悦而被逐出罗马。当他离开这座城市的时候,他停顿了片刻,回头望了望城墙和哨塔,伸出双手说道:"我虽无罪,却遭放逐。总有一天,罗马人会因此而后悔的。"

不久之后,意大利境内就出现了麻烦。北方的高卢人越过阿尔卑斯山的岩石和积雪,来到了意大利肥沃的土地上。他们人数众多,盾牌和盔甲闪闪发光、令人生畏。罗马人在一场大战中失利,罗马城危在旦夕。侍奉圣火的贞女收起众神的肖像,携着仍在燃烧的木炭乘船逃离罗马。罗马城中的人都在惊慌逃亡,一些人扛着家具,一些人骑着马,一些人则乘坐马车。一位好心的罗马人在和自己的妻儿逃离时,看到奉火圣女正沿着台伯河疲倦地跋涉前行,他便邀请她们乘坐自己的马车,贞女们很感激地接受了他的帮助。

大战过后的第三天,高卢人挺进罗马城,发现城门大开,各个街道已经被罗马人遗弃了。高卢人的首领——布伦努斯(Brennus),带着他的军队开进罗马城。最后,他们来到了罗马广场。那里坐着很多元老或议员,他们默默地坐着。在罗马需要他们的这个时刻,他们绝不离开。

高卢人围了过来,十分惊异地望着这些人。最后,他们中的一个人走上前去,戏谑地摸了摸其中一位元老的胡子。这位长胡子的罗马人便用手杖打伤了他。于是,高卢人一剑把这位元老杀了。接着剩下的元老们也全部被害。想一下那些倒在罗马广场上死去的高贵的罗马人,他们对罗马的忠诚至死不渝。

卡米卢斯身处之地离罗马有一定的距离。虽然他所热爱的城市给他造成了很大的打击，但是他在内心深处依然热爱着罗马。一天，他带领众人离开小镇，赶往高卢人驻守的一处营地。半夜的时候，号角响起，卡米卢斯率领士兵突然在营地中杀出，取得了胜利。

当这个消息传到那些已经逃出罗马城的罗马人的耳朵里时，他们中的很多人举行了一次会议决定派出一名信使去请求卡米卢斯重新成为他们的执政官。

"我会去的，"卡米卢斯说，"只要那些在卡皮托山上的公民愿意邀请我。"

嗯，卡皮托山是罗马城内的一座山。这座山上有一座要塞，里面聚集了大量不肯屈服于高卢人及其首领布伦努斯的市民。但是如何才能把消息送往卡皮托山呢？谁又愿意去呢？

一位年轻的小伙子用粗布衣服伪装了一下，看起来就像是一名普通的乡下人，接着他又将许多大块的软木藏到了衣服里面。抵达流经罗马城的台伯河之后，他将衣物弄成一捆，将其放在头顶，然后将那些软木绑到一起，做成一个浮舟。他抱着这个浮舟，趁夜游过了台伯河。之后，他便沿着后巷匍匐前进，最终来到了卡皮托山。借着夜色，他沿着陡峭的悬崖爬上卡皮托山，最终安全到达了山顶。一些元老就在这所要塞之中，他们听了这位年轻人的叙述。

"去吧，"他们说，"命令卡米卢斯率军拱卫罗马。"

这位年轻的英雄便又爬下悬崖，悄无声息地游过台伯河，将这道命令带给了卡米卢斯。

但是，高卢人试图在卡米卢斯救援罗马之前攻陷卡皮托山。一天夜晚，他们开始效仿之前那个年轻的信使沿着悬崖攀登卡皮托山，他们中的一些人也确实爬到了山顶，还有一些人则正在攀爬。而此时罗马的守卫们却睡着了。

在卡皮托山上，矗立着一座朱庇特神殿，里面供养着一群大白鹅。它们听到了高卢人发出的轻微声响之后，开始大叫。罗马人被惊醒了。警钟四起，长矛和盾牌交错相撞的声音此起彼伏。高卢人被击退了，不少人一头跌倒在悬崖峭壁上。而后来传说的故事则是朱庇特神殿的白鹅拯救了卡皮托山。

卡米卢斯还没有赶到，粮食已经快吃光了，罗马人的心志开始动摇，他们就派出信使同布伦努斯谈判。

"如果我们给您1000磅黄金，您是否愿意从罗马退兵？"

"没问题！"

用来称量黄金的天平已经带到。闪闪发光的金块被堆在一起放到一个天平托盘上，以便同另一个托盘平衡。这时，一个高卢人将那个用来权重的托盘压低了一点。

"这不公平！"罗马人喊道。

布伦努斯哈哈大笑。他将自己的腰带和剑扔入托盘，使那权重托盘变得更低了。

罗马人于是不得不放入更多的黄金以平衡高卢首领的腰带和剑的额外重量。

最终，高卢人还是和平地撤离了罗马城，尽管我不确定他们是被卡米卢斯击退的，还是因为与罗马相比，他们更喜欢待在自己的土地上。你瞧，罗马人也曾经被高卢人打败过。只是罗马人天性骄傲不愿承认，所以古代历史的记录者对这段时期所发生事情的记述也不甚明了。

正如我之前告诉过你们的，卡米卢斯属于上层阶层，也就是富人，我们也称之为"贵族"。穷人和富人之间的争吵仍然没有停止。有一次，一大群不甚富裕的公民甚至威胁要离开罗马城，在别处建一座新的城市。他们认为这是不公平的：每年选出的两名管理罗马的执政官，只能从上层阶层选出。民众要求其中一位执政官应该由平民或非贵族人员担任。卡米卢斯觉得许可这种做法是一种明智的选择。自此之后，两名执政官中便有一名是贵族投票选出的，另一名则由平民投票选出。这是在政治活动中普遍发生的事情。一个阶层想要这个东西，其他阶层想要另一个东西。这些人中最聪慧的头脑便不得不想办法让尽可能多的公民满意。在罗马城重归和平共处之后，人们新建了一座神殿，称之为协和神庙，也叫友谊之殿。它矗立在罗马广场上。我希望每一所城市和每一块土地都可以建立一座这样的神庙，让所有人的心都和平友好地连接在一起。因为在遭受高卢人入侵和公民纷争这些考验之后,卡米卢斯重新使这座城市强盛起来,所以人们称之为"罗马城的第二创建者"。他于公元前365年逝世。

费边采用拖延战术,让汉尼拔疲于奔命

拖垮汉尼拔的将军：费边

"你们听说了吗，士兵的盾牌上冒出了血。"

"是的，我还听说，田里会流血的谷物都被砍倒了！"

"是的，乡邻们，我听说有火红的石头从天而降。"

"这些事情真是太可怕了！这到底是什么预兆啊？"

"我担心罗马人会被那些来自阿非利加的人打败。这位名叫汉尼拔的将军在战争中所向披靡。他翻越阿尔卑斯山，率军穿越托斯卡纳，似乎没有任何东西可以阻挡他的脚步。"

一群人在罗马城内如是讨论着。不久之后，一场大战发生了，据说在同汉尼拔军队的这一战中，15000名罗马士兵被杀，还有几乎同样多的士兵被俘。①

这个可怕的消息传到了罗马。一名地方官将公民召集起来，说道："罗马的公民们！我们在一场战斗中严重失利。我们的军队被分割成了好几股，执政官亦遭不测。因此，思考一下该如何拯救罗马城吧？"

---

① 在公元前218年，迦太基将军汉尼拔率军翻越阿尔卑斯山。在取得几次胜利之后，于公元前211年进军罗马，给罗马共和国造成极大威胁。

人群中一阵哀鸣。终于人们说了出来："费边（Fabius）！让他来领导我们！让费边总领一切事宜！应该让费边掌领军事。"

41

因此，费边当选了新一任罗马统帅。你是不是猜测他会立马着手进攻汉尼拔？不，他是一个耐心等待时机的人。汉尼拔的军队现在还锐不可当。费边时常率领军队隐蔽在山上，观察在山谷中行进的敌军，但是他一般不会全军出动。他会时不时派出一队罗马士兵从山腰上冲下来抢夺汉尼拔的牲畜，或者杀死一些敌方士兵，然后再迅速地回到高地上。费边认为，通过这种方式，他可以有效地消耗敌方的有生力量。

一些罗马人并不喜欢这种慢吞吞的作战方式。一位名叫米努基乌斯的罗马将军嘲讽道："我怀疑费边是想把他的军队带到天上，因为他貌似很喜欢在山顶扎营。"

汉尼拔的主力有一次差点被包围了。他的军队被困在了山中，唯一的出口很狭窄，而且费边还派了4000名罗马士兵进行把守。夜色降临，恐惧笼罩在迦太基人心中（汉尼拔来自非洲的迦太基城），但是他们的将军却面不改色。他命令士兵将几束干燥的灌木枝捆绑在2000头牛的牛角上，然后用火把将其引燃，驱赶牛群向前奔袭。士兵们于是便照着汉尼拔的要求做了。黑暗中，罗马士兵观察到山谷中有奇怪的火光在闪动，他们以为有

42

一大批敌军正在接近，于是便撤退到山顶。汉尼拔随即率军向前推进，脱身进入一片更宽阔的地带。

费边则还是像以往一样有条不紊。他同汉尼拔交换了战俘——就是 100 个罗马战俘交换 100 名迦太基战俘。但是交换之后，仍然还有 240 名罗马士兵滞留在敌营。元老院并不愿意提供赎回剩余罗马战俘的费用，费边很是同情他那些被俘的同胞，于是派儿子回到罗马卖掉了自己的一些田产。利用这笔钱，费边赎回了其余的罗马战俘。就这样，费边自费帮助了他的同胞战士，他们中的一些人提议要偿还这笔费用，而费边则断然拒绝了。

最终，元老院决定委任米努基乌斯为第二将军。他们认为米努基乌斯会采取果断行动，快速赢取战争。费边觉得元老院将一支军队同时交由两名将军统帅是不明智的；于是他将军队一分为二，两人分别率领一支军队驻扎在不同的位置。观察敏锐的汉尼拔留意着罗马军队的一举一动；他决定同米努基乌斯交战。汉尼拔将自己的主力埋伏在山坡附近的低地和壕沟里，并且派出小股部队出现在山坡上以吸引敌方军队。米努基乌斯果然发现了他们。

43

"噢，"米努基乌斯对自己的副将说，"我们可以轻松地将汉尼拔的军队从小山坡上赶下去。"

罗马人连忙展开进攻。突然从多处低地和壕沟里面冲出了成群的阿非利加人，咆哮着杀来，结果，米努基乌斯的罗马军队很快乱作一团，四下逃窜。

从军营中，费边观察到了这一幕。他用手掌拍着自己的大腿，叹息道："没想到我担心米努基乌斯的事情发生得这么快,他贸然行动,可谓掘阱自陷啊!"

于是费边率领自己的那部分军队去援救米努基乌斯,并对汉尼拔的进攻路线详加审视了一番。

这场战役之后,米努基乌斯命令士兵集合在他的四周,对他们说道:"各位朋友和战友:人非圣贤,孰能无过。过而能改,善莫大焉。之前没有听从费边将军的建议是我的过错。来吧,和我一起去拜会费边将军,告诉他:罗马应该统军一处,由他一人统帅。"

于是,护旗官扛着木制鹰旗走在前列,而米努基乌斯则帅军紧随其后。费边在自己的营帐中接见了他。他们一起交谈了几分钟之后,便走出了营帐,而后米努基乌斯大声说道:

"父亲!"

他边说边朝费边深深鞠了一躬。而米努基乌斯的士兵都大喊道:

"恩人!"

他们边喊着"恩人"(朋友和主人的意思),边向费边的士兵们致敬。

米努基乌斯接着说道:"费边,您今日取得了两项胜利——凭借勇气战胜非洲劲敌,此为其一;依靠审慎和友善使我心服口服,此为其二;全靠你,我们才保全了性命。因而我称你为'父亲',因为我实在找不到比这更好的称呼了。"

说着,他紧紧地拥抱了费边一下。两支军队也因友谊而紧密地联合起来。这是由于为了罗马的利益，他们懂得如何克制嫉妒之心。

唉！罗马人又遭受了更多的苦难。坎尼一役，罗马士兵有50000人阵亡。这场残酷的战斗结束，汉尼拔的朋友在他旁边说："继续前进吧，将军！五天之内，您就可以攻入罗马，在卡皮托山上吃晚餐了。"

汉尼拔并没有采纳他们的建议。

与此同时，那位指挥坎尼战役失败的执政官瓦罗（Varro）返回了罗马。元老院的所有人和公民都去大门迎接了他。瓦罗看起来悲痛而严肃，但是他没有像一个懦夫一样失去勇气。

"罗马人，"他说道，"尽管有这么多人牺牲了，但大局尚在。我回来就是要尽己所能以挽救罗马。"

费边此时就在人群当中。他和其他的元老都说："瓦罗，我们赞许你，因为你没有为罗马的命运而陷入绝望。"

是的，无论发生什么，这所骄傲的城市中的人民都不会完全失去信心。而人们的信心则大部分源于费边。人们看到他静静地走在街上，迈着轻快的步伐，好像并没有发生什么可怕的事情一样。他面色沉静，声音也不含一丝颤抖。他还在城门边安置了哨兵，以防惊慌失措的公民逃离。费边返回战场之后，他仍然沿袭之前的策略——避免任何与汉尼拔的正面大战，跟在敌军的尾后，咬住不放。而且他还成功收复了几座被阿非利加人占领的重镇。

　　费边老年的时候，对自己的儿子当选为执政官感到很欣慰。

　　一天，执政官正在参加一场公共集会。老费边骑着马上前，准备和自己的儿子交谈。但是根据罗马法律，靠近执政官必须下马而行。当小费边看到父亲在马背上正欲来访时，就将自己的一名侍卫官叫来。你应该还记得，侍卫官就是那个拿着笞棒，而且上面绑了一柄斧头的随从官。

　　"侍卫官，"他说，"如果费边有什么事情要和我商量，命令他下马步行。"

　　侍卫官按照执政官的吩咐做了。一阵沉默笼罩在人群中。他们怒视着执政官，却又同情地望着那位年迈的将军。

　　"多么荒谬，"他们说道，"一个儿子竟然对父亲如此不敬。费边可是将自己的一生都奉献给了罗马。"

　　但是费边并没有这么想。他立刻下马，快步走到执政官面前，拥抱他说："儿子，我对你明白自己的职责所在感到自豪。正是以这种方式，我们和我们的祖先一起使罗马成为了一座伟大的城市。我们不应首先考虑到自己的感受。放在首位应该是罗马的荣誉，而父子之爱则当置于其后。"

　　费边死于公元前203年。他曾五次出任执政官；并且两次骑马穿过街道，接受人民为其举行的凯旋仪式。

他死的时候并不富裕。你应该还记得,他曾经为赎回罗马战俘几乎倾尽家产。罗马公民觉得费边的葬礼应该体现出人民对他的敬爱之情。于是每一位罗马公民都为他的葬礼捐献了一小笔钱。

不气馁的罗马人：马塞卢斯

10000名高卢人，包括骑兵和步兵，在一片平原上准备抵御罗马人的攻击。国王身材十分高大，当他骑在马上时，看起来就像是一个巨人。他的盔甲镶缀着金银，在阳光下发出夺目的光芒。

罗马人由执政官马塞卢斯（Marcellus）统帅。战士们排成了一字长蛇形行军队伍。

这位执政官策马狂奔，高卢人的胸甲被他用长矛一下刺穿。当他将敌酋斩杀之后，马塞卢斯从他的战马上跳下来，从那个死去的国王身上剥下盔甲，然后举到空中，说道：

"哦，朱庇特神啊，您注视着人们在战场中的表现，我将把这些战利品献给您。希望您赐予我们接下来战斗中的胜利。"

两军经过一番搏斗之后，罗马人赢得了战争。

不久，一大批来自阿非利加的可怕的家伙——迦太基人，由汉尼拔将军统帅沿途翻越了阿尔卑斯山，以锐不可当之势席卷整个意大利北部地区，向罗马推进。罗马人在16年之后才彻底击败了这位将军。坎尼一役，罗马战败，成千上万的罗马人逃回到了罗马城。

元老院的元老们裁决，这些逃兵应当被全部逐出罗马。他们被流放到西西里岛,并被勒令只要汉尼拔和罗马的战争还在继续,他们就不许踏足意大利的土地一步。

马塞卢斯率军登陆西西里岛,准备去围攻叙拉古——这座海边城市已经站在罗马人的敌对方,此时,这些罗马逃兵拜见了马塞卢斯。

"噢,阁下,我们的确是从坎尼那个屠杀场逃走了,但是我们依然渴望效力于罗马,而且我们现在已准备好为故土牺牲了。请让我们为你一战吧。"

他们说着便跪倒在马塞卢斯面前。

马塞卢斯同情地看着这些人。他还是愿意去检验一下他们的勇气的。他相信这些人。于是向元老院写信询问是否可以将这些人收编到自己的军队当中。

"可以,"元老院回信说:"但是无论他们多么骁勇善战,你都不能给他们任何奖赏。"

于是这些人加入到了马塞卢斯的军队中,作战十分勇敢。

对宏大而美丽的叙拉古城的围攻持续了大约三年。马塞卢斯在港口有一支舰队,陆地上也有士兵。舰队共有60艘战船,每艘都载满了投石器和石块以及其他武器。八艘战舰被锁在一起,以制造一个甲板平台,这样就可以在上面搭建起高大的云梯了。等到这个庞大的机械送达城墙靠水的一侧时,罗马人顺着梯子爬上去,然后跳上城垛作战。

叙拉古国王惊恐地看着这个从未见识过的攻城机械。便召来了那位最聪明的人。

"我的朋友,"他说道,"你是叙拉古城唯一可以帮到我的人了。先丢下你的图纸和图表、你的三角形、立方体、圆、圆锥、圆柱、多边形和其他任何东西吧。这座城市现在危在旦夕了。"

因此,这个全城最聪明的人便连续好多天忙着指导工人去制造那些可以投掷石块以及其他大型物体的机器。正如你将会看到的,这些并不是这位工程师制造的唯一机械。

新造的机械开始发挥作用了。大量的石块和铅块被猛烈地投掷到围城者的战船上,击碎了船之间的锁链,亦重创了敌军的战士和水手。

罗马战船想要尽力靠到城墙边上。然而,巨大的木制横梁被机械升了起来,之后这些木梁的末端猛然砸向罗马人的战船,将桅杆连同上面的士兵一起击落。

其他机械的效果更加惊人。城墙上扔下巨大的铁钩,牢牢地将罗马战船勾住,将船体拉出水面一半的高度,又突然放下,导致船体向一侧倾斜并最终沉没。

而在叙拉古陆地一侧奋力猛攻城墙的罗马士兵也同样遭遇到了威力巨大的守城器械的阻拦。最后,罗马人变得紧张兮兮的,以至于只要看到城墙上伸出一根木杆,就认为这个神秘的工程师又要玩什么花样了,于是,就乱糟糟地撤退下来。

马塞卢斯忍俊不禁。

"这个工程师,"他说道,"是有三头六臂啊。"

这个聪明的工程师名叫阿基米德(Arichimedes)。他是伟大的几何学家,他在研究物体测量和推动力方面成绩斐然。或者,也可以用另一个头衔称呼他,即伟大的数学家。不过,正如你所看到的,他没有将科学作为书房中的自娱自乐,而是用自己的天赋和技能为祖国服务。

然而,马塞卢斯并不气馁。不论他遭遇什么样的危险,他都不会失去斗志。他中断了水路和陆路的进攻。

51　这座城市肯定会粮草不足。经过很长一段时间之后,叙拉古国王送信要求同马塞卢斯进行交涉或交易,于是这个罗马将军便上岸去谈投降条件。他每次去谈判,都特别留意临近水域的某个哨塔,因为他觉得该哨塔相对城中的其他哨塔更加容易攀爬和攻占。一天晚上,当这座城市的人们在狄安娜女神节纵情狂饮之时,罗马人爬上城墙并攻占了哨塔,然后吹响冲锋号,使整座城市都陷入了恐慌之中。但是,围城者依然花了好几个月才彻底占领叙拉古城。之后,该城遭到洗劫。

在这场骚乱当中,一个罗马士兵闯入了阿基米德的住处,发现这位几何学家正在地板上画线,全神贯注地思考着他要解决的问题。

"等一下!等一下!"这位科学家喊道,"别打扰我,正忙着呢。"

这名士兵挥剑杀死了阿基米德。马塞卢斯听到这件事情之后极为痛心。

在攻取叙拉古之后，马塞卢斯再一次同汉尼拔在意大利开战。在一次战斗中，他被击败了。罗马士兵四散奔逃，回到营地，情绪低落。这位将军下令所有军队排列整齐，开始训话。

"我眼前看到的是"，他严厉地说道，"罗马人的胳膊和罗马人的身体，但却没有一个罗马人。"

"将军，"其中一个士兵喊道，"我们对自己的逃跑感到懊悔。"

"我不会原谅你们"，马塞卢斯说道，"除非你们可以取得胜利。明天，你们将会再次同敌人作战，希望胜利的名声比败逃的羞辱能够早一点传到罗马。"

然后，马塞卢斯转向军需主管对他补充道：

"给这些逃兵大麦吃。"

于是这些人的晚餐吃大麦，而剩下的士兵则是常用的小麦。

第二天一早，一块红布悬挂在将军的营帐之上，这是战斗的信号。那些吃大麦的士兵被安排到了阵列的前方，而这正是他们所期望的位置。

汉尼拔的战象以一种糟糕的阵型向前移动着。一名罗马士兵掷出长矛刺中了其中一头战象。这头战象掉头撤退，剩下的战象也跟着它掉头跑了。迦太基队伍陷入了混乱。罗马士兵——吃大麦的冲在前面，吃小麦的紧随其后——愤怒地冲向敌军。汉尼拔被击败了。

马塞卢斯也再次当选了执政官。这是他第五次当选，也是最后一次。不久之后，他就战死了。

马塞卢斯热切地搜寻着汉尼拔，希望再次与其作战，并取得一次伟大的决定性胜利。最后，侦察兵带来消息说那位迦太基将军已近在眼前。这个地方临近威尼西亚（Venusia）。

在两军之间有一座山丘，一簇簇灌木丛和树林，将山丘表面分割成了低洼不平、形状不一的版块。汉尼拔事先将大批弓箭手和长矛兵埋伏在这些谷地。罗马人则急于攻占这座小山丘，因为可以从山上俯视敌营。

马塞卢斯，连同副官——他的儿子，率领220名骑兵缓速向那座山丘驰去。一个哨兵事先被汉尼拔安排在山顶，随时发出警报。他看到马塞卢斯来了，就传信给同伴。当罗马人来到半山腰的斜坡上时，事先埋伏好的迦太基士兵突然杀出。一些罗马骑兵逃走了，还有一些则紧紧地围在马塞卢斯将军的四周，奋力厮杀。最终，两位执政官均被杀死。时为公元前208年。

当这位威名赫赫的迦太基统帅听说马塞卢斯已经战死的消息，他来到马塞卢斯的殒命之地，沉默地站在那里，久久望着这个从不气馁的男人的尸体。这是勇者对勇者的惺惺相惜。汉尼拔随即向侍从下令。

"为马塞卢斯穿上长袍，然后放到柴堆上火葬。将他的骨灰放到银瓮里。在银瓮的盖子上放一个金质的王冠，然后交给他的儿子。马塞卢斯是一位高贵的罗马人。"

HANNIBAL & MARCELLUS

迦太基统帅汉尼拔久久望着劲敌马塞卢斯的尸体，
这是勇者对勇者的惺惺相惜

凯旋者：保卢斯

"我的孩子，你怎么哭了？"一位罗马父亲向他的小女儿问道，并一把将她揽在怀中。

"珀——珀——珀尔——珀尔修斯（Perseus）死了！"她啜泣道。

"你说的是哪一个珀尔修斯啊？"

"就是那个可爱的小狗狗，爸爸。"

哦，可爱的小狗狗。但是珀尔修斯也是马其顿王国国王的名字，这位父亲想到的正是这个珀尔修斯。

这位父亲是曾经多年为罗马南征北战的将军，他叫卢基乌斯·埃米利乌斯·保卢斯（Lucius Aemilius Paulus），后来被冠以马其顿尼库斯（Macedonicus）的姓氏。在西班牙，他将罗马雄鹰旗遍插250余城。他生活在大约公元前229—前160年间。

珀尔修斯国王已经预料到罗马人的进犯。他在自己的人民中组建了一支军队，并意图通过招募雇佣多瑙河两岸的战士来增强自己的军力。10000名骑兵，每一名骑兵都有步兵相随，这些雇佣兵来到珀尔修斯的营地寻求生意。这些骑兵都是些高大威猛的家伙，随时可以为大地上的任何一方而战。但是，他们的要价也很不菲，每个百夫长的酬劳是1000金币。

珀尔修斯是十分贪财的。他没事就清点自己的金子，然后再将它们装进袋子，密封起来。

"不行"，珀尔修斯对那些野蛮的骑兵说道，"我不会付给你们要求的那么多。那太多了。"

于是，这10000名骑兵便又返回到多瑙河。留下马其顿国王独自面对罗马人，他只能竭力而为了。

一天晚上，埃米利乌斯·保卢斯扎好了军营，士兵也吃过了晚餐。一轮圆月的光辉洒满天空。这时，一道阴影从月亮表面缓缓划过，过了一会，整个月亮都被一层红灰色阴影所遮蔽。这是月食，是地球的影子投射到月球表面造成的。保卢斯知道是月食来了——一位天文学家事先告诉过他。他也已经传谕过全军，免得他们惊慌失措。罗马人就像他们的祖先经常做的那样，在月食出现的时候，敲击铜锅发出巨大的音响，并挥舞着熊熊燃烧的火把。而马其顿人则陷入了沉默和悲伤之中。

"月亮上的暗影，"他们窃窃私语道，"预示着国王的败落。"

当月亮恢复光明之后，保卢斯命人宰杀了11头小母牛，并将它们祭祀罗马诸神。

第二天，战斗开始了。珀尔修斯注视着向罗马人进击的那些士兵。高大的色雷斯人携着白色盾牌，身着黑色铠甲，手握长矛。这些雇佣兵中还夹杂着一些波斯人。年轻的马其顿士兵则身穿紫色外套，其盔甲和武器闪闪发光，他们的盾牌则是黄铜制成的。你应该听说过密集阵型（马其顿方阵）——马其顿士兵手举盾牌紧紧靠在一起，以此来组成一道铜墙，再利用手中的长矛通过这个铜墙不断地猛刺敌人。即使猛烈地进攻这个方阵，也很少有敌人能突破这个有生命并不断移动的堡垒。罗马人并没有被这个方阵吓退。这场在下午三点发起的攻击，到日落时分便取得了胜利，保卢斯也回到自己的营帐，而那个地方则早已被象征胜利的常春藤和月桂叶铺满了。

珀尔修斯同骑兵一起逃走。步兵则赶上他们，称他们为胆小鬼并将一些人从马上拉了下来。这位马其顿国王担心自己也会被拉下马。他便调转马头离开大路，卷起自己的紫袍，将它们弄成一捆放到马鞍上，然后纵马狂奔。他的几位近臣跟在他的后面。不过他们没一个人对这位被吓破胆的国王保有敬意。其中一个人停下来系鞋带，另一个人去饮马，第三个人则给自己打水去了。他们一个接一个地离开了珀尔修斯，除了一小群克里特人（来自克里特岛的人）——他的护卫们，他们之所以没有离开，是为了要雇佣金。珀尔修斯随身携带了大量的珍宝。因为害怕这些克里特人也会弃他而去，他给出一些金制和银制的杯子。而当珀尔修斯抵达安全地之后，他竟然走到这些克里特人跟前，眼里饱含泪水，乞求他们将这些他刚才允诺给他们的金杯和银杯还给他！

罗马人到处搜寻这位逃跑的国王珀尔修斯，他已经乘船逃到了希腊海中的一个小岛上。即使在那里，罗马战船依然追踪到了他。他同一名克里特岛的船民讨价还价，让其把自己、妻儿，以及财宝搭载到另一个岛上去。这名克里特水手将金子和银子装入船中之后，却对珀尔修斯说：

"白天带你出海不安全。我们要途经罗马人的舰队，他们看到船上只有我一人，便不会怀疑。今天晚上我们再碰头，我会带着你和你的家人离开这里。"

珀尔修斯在约定的时间赶到了那里，但是那名克里特人却没有出现。一名经过的岛民告诉他，那人早已在几个小时之前驶离了这里。几天后，珀尔修斯落到了罗马人手中，成了阶下囚，被带到罗马将军的跟前。

保卢斯从椅子上起身接见了这位亡国之君。珀尔修斯伏身在地，就像一名奴隶那样，抱住了保卢斯的腿。

"噢，阁下，"他哀叹道，"可怜可怜我吧，啊，可怜可怜我吧，我是多么可怜啊！"

"可怜，的确，"保卢斯回答道，"变成这种样子。我们罗马人向来尊重英勇的敌人，同样，我们也为那些懦夫感到不齿！"

保卢斯接着又征服了马其顿。有时，他的士兵也会失去约束，跑到希腊的城市里，大肆抢劫，引起骚乱。但保卢斯尽力使自己的军队保持纪律，他对那些被征服地区的民众总是友好而又仁慈。最后，保卢斯起航返回罗马，而那里的人也正期待着他的归来或者凯旋。

载着凯旋者保卢斯的战船沿着台伯河溯流而上。这艘战船披着绯红和紫色的布条，从敌人手中夺取的长矛和盾牌被放置在船桅和甲板上闪闪发光。

在欢迎埃米利乌斯·保卢斯的第一天，供市民们观看游行队伍的台子就已经在各个街道上搭好了。市民们身着白衣；城中所有的神庙都开放了，庙墙上挂着花环，祭祀们也都在庙内燃起了沁人心脾的香。

"他们来了！"人们喊道。

最前面的是侍卫官，他们每人都扛着一束笞棒，负责为后面的一排长长的战车开道，在250辆战车上，装载着从马其顿的各个城镇中抢夺来的肖像、绘画以及大型雕像。

第二天，大量的四轮马车纵贯而入，马车上载着头盔、盾牌、胸甲、小圆盾、装满箭支的箭袋、剑和长矛。在这些马车后面的是3000名四人一组的罗马士兵。每组的四名士兵都抬着一个箱子，里面装满了银币。这种装满货币的箱子有750个之多。其他人则拿着碗、号角、酒器、杯子——所有的这些东西都是银制的。

第三天是压轴的一日，所有人均早早起床，身着素衣。号角手吹响了号角。120头肥硕的公牛在他们身后缓缓而行，这些公牛的双角被镀以金粉，脖子则用艳丽的鲜花装饰。跟在后边的一群孩童臂上挎着金银器皿。接着出现的是一群男人，抬着77个装满金币的箱子。随后，一辆二轮马车驶来，人们看到上面堆着一个人的盔甲，这盔甲曾经属于珀尔修斯国王。

当人们注视紧接着的下一辆马车时,不禁低叹道:"可怜的孩子。"

在这辆囚车中的是珀尔修斯的孩子们。他们朝罗马民众伸开双手,不断地乞求宽恕。里面有两个男孩和一名女孩,都还很小。

珀尔修斯国王则行走在这辆囚车后面。他身着一袭黑衣,脚上穿了一双本国样式的鞋子。在他身后则跟着一群之前的侍臣,每一个看起来都苦不堪言。

最后,则是保卢斯的马车,马车四周环绕着花环,由四匹白色的骏马拉着。他身穿紫色短袍;紫色的披风上则镶着金色的星星;他的鞋子金光闪闪。他左手手持象牙节杖,右手则拿着一簇月桂树枝。一名奴隶站在他的身后,将朱庇特主神的黄金王冠举在他的头顶上。

罗马的人们都欢呼起来:"哟!哟!哟!凯旋!凯旋!凯旋!哟!哟!"

但是那名站在保卢斯身后的奴隶则无时无刻不在这位将军的耳边低声说道:"啊,但是牢记你是一个凡人!铭记你终将死亡!"这是罗马人警戒自己在胜利时保持谦逊的方式。

军团的士兵则齐步走在后面,有力地歌唱和欢呼着:"哟!哟!凯旋!"

唉!这位将军的心却是悲伤的。在他归来的五天前,他年仅14岁的儿子死了。另一个噩耗也降临到他的头上。凯旋之后的第三天,他另一个年仅12岁的儿子也死了。

在一场公民大会上,埃米利乌斯·保卢斯进行了一场演说。

"朋友们,"他说道,"幸运之风吹起来温和而公平,而有时它们也会偶尔吹来恐怖的暴风雨。我于15日之内攻克了马其顿王国。我带来了巨大的破坏,并使王公成为我的阶下囚。幸运之风确实吹得公平。我的两个亲爱的儿子却永远离我而去了。在凯旋的这几天里,我亲手埋葬了他们。而那个被征服者——珀尔修斯,他的儿子们还依然好好活着。征服者保卢斯的儿子们却已经去世了。"①

听讲的公民陷入了沉默,他们被这位将军的悲伤触动了。

埃米利乌斯·保卢斯死后,整个罗马城深深哀悼他。他的棺材或者葬礼担架由一些年轻的马其顿人和西班牙人抬着。还有很多马其顿和西班牙老人跟在后面,边走边说:

"他虽征服了我们,但却对我们不薄。"

---

① 保卢斯还有一子过继给了大西庇阿之子,这个儿子就是后来成为率军攻陷迦太基城,结束罗马与迦太基百年争霸的小西庇阿。

公元前168年,保卢斯彻底击败马其顿军队,返回罗马后,获得了盛大的凯旋式

严厉的复古派:加图

一位 17 岁的年轻小伙子在与汉尼拔作战之时,冲在罗马军队的前列。他满头红发,眼睛乌黑发亮,呐喊犹如咆哮。在战阵之中,没有谁能比年轻的加图更加勇猛。

战斗之后,他回到营帐之中,在那里协助自己的奴隶做一些简单的晚餐。至于饮品,除了水,他很少喝其他东西。若是感到疲惫,他就会在杯子中加几滴醋。他几乎从不喝酒。

加图拥有一座庄园和一个农舍。在他的住所附近有一个古旧的小屋,每当乡民经过那里便会指着小屋说:

"这个小屋曾经住过一位以芜菁为晚餐的执政官。"

确实如此,曾有这样一个故事。一天夜晚,执政官马尼乌斯·库里乌斯(Manius Curius)正在炉边为芜菁削皮准备晚餐。一群人悄悄地进来了,好像不希望路人听到似的。他们是萨莫奈人的信使,萨莫奈和罗马正在交战,这些人为马尼乌斯送来了很多金子,希望这个英勇的敌人可以帮到他们。

"不行,"马尼乌斯说道,"晚餐吃上芜菁就满足的人,是不需要金子的;而且,比起接受萨莫奈人的金子,将你们击败更能使我感到荣耀。"这些信使们只好灰溜溜地地离开了。

因此，加图凝视着这个古老的小屋，自言自语道：

"我愿意像马尼乌斯一样过简朴的生活；我也要像他一样，成为一个在罗马享有盛名的人。"

他的衣料很粗糙，他和奴隶一起劳作，饮食也与他们毫无区别。他不仅亲身参加劳动；还能以一种幽默、睿智的方式交谈，每当邻居去打官司，加图常常会代表他们在法官面前陈词，因此，他很快就成了罗马法院的一名辩护律师，或者叫发言人。人们常常会复述他精辟的言论，比如：

"智者从愚人那里学到的要比愚人从智者那里学到的更多；因为智者会避免重蹈愚人的错误，但愚人却不会学习智者的经验。"

"我讨厌这样的士兵：行军时挥手、打仗时腿抖、卧榻上鼾声如雷、战阵上气息衰微。"

加图被选为执政官后，便率领一支军队在西班牙连克400余城。他还发动了对多瑙河沿岸的蛮族的战争。另外，他同那位曾入侵过希腊的叙利亚国王安条克三世交过手。叙利亚王国境内山势连绵。该国国王占据了众山之中的一条要道，并通过修筑城墙和护堤以巩固防守。加图决定在晚上奇袭敌方营地，就挑选了一支由身手矫健的士兵组成的队伍，以一名俘虏当向导。但这个向导却迷路了。结果加图和他的同伴们迷失在了山崖和灌木丛中。他令其他人原地待命，自己和一位朋友抓住野生的橄榄树，借力爬上了峭壁；很快，他们发现了一条好路。加图等人从上面下来，让士兵跟在身后，很快抵达了山顶。然而，他们走上的是一条绝路，脚下是一片陡峭的断崖。东方的天空也开始出现一丝微弱的亮光，黎明就要来临。山下传来了人群活动的声音。加图观察到国王的营地就在不远处，而那些声音则是由前哨守卫发出的。几名罗马战士爬下悬崖打散了守卫，抓了一个人回来。这个俘虏告诉加图说，要道入口只有600名叙利亚士兵把守。

　　加图手握利剑开路，他的号角手吹起了冲锋号。其余的军队也从另一个方向攻进了敌营。叙利亚国王此时就像没有牙的老虎。他的军队慌不择路，跑进了一条狭窄的小路，这条路的一头被石块堵死，另一头则是泥泞的沼泽，很多人葬身此处。

　　加图被罗马公民推选为监察官。他的职责就是监察公民们的日常行为和礼仪；他对自己的工作要求十分严格。他列出了那些家私衣物颇为丰足的公民的名单，向他们征收更高的税。当他发现某些贪婪之徒使用公共喷泉的特供水源来灌溉自家花园时，他就将这些人的水管切断了。虽然他触怒了那些"小偷"，却保护了公共财产。他不喜欢一切无用的演出。加图崇尚斯巴达人的生活方式，这一点我已经在希腊人的故事中告诉过你们了。他决不让任何虐待行为逍遥法外，他总是说，那些殴打自己老婆和孩子的男人是在虐待世界上最神圣的事物。

就像其他罗马父亲常做的那样，加图也不让奴隶教自己的儿子。他亲自教孩子们投掷标枪、骑术、拳击和游泳。此外，他还教他们用大写拉丁文进行书写；他的孩子学习并记录了古罗马英雄的故事，就像我在本书中讲给你们的那些。

加图的财富日益增长；他拥有了越来越多的土地和奴隶。他十分节俭，攒钱买入鱼塘、浴池、供漂洗（或者清洗）布匹的庭院还有牧场，所有的这些他都出租出去，收取租金。他甚至将钱借给自己的奴隶们，让其在奴隶市场上购入男孩，而后训练他们去做各种工作，最后在奴隶获取一定利润的前提下，将他们转卖给加图。这在你看来或许是一种邪恶的事情，但是希腊人、罗马人、希伯来人以及其他古代民族都保有奴隶，而且认为这么做并没有错；还有就是，大多数情况下这些奴隶会被善待。

因为加图对罗马公民和奴隶要求严格，所以对罗马的敌人更加残酷。在他生活的时代，罗马和迦太基还在交战。加图对迦太基恨之入骨，无论他谈论什么事情，在罗马广场上他总要以"还有就是，必须毁灭迦太基！"来作为他演说的结束语。比如说：

"噢，罗马人，让我们的孩子接受健康的训练是件好事，他们要艰苦奋斗、勤俭节约，为自己的祖国鞠躬尽瘁。还有就是，必须毁灭迦太基！"

"私取公共财物的人就是窃贼，即使他出身高贵，居住在华府中。还有就是，必须毁灭迦太基！"

而迦太基也终于在公元前146年被毁灭了，不过此时加图已经逝世了，他死于公元前149年。

我很遗憾地告诉你们，无论哪个奴隶老了、没用了，加图都会将其卖掉。作家普鲁塔克是一位心地善良的人，我要与你们分享在书中发现的这个故事，对于如何公正对待仆人，甚至是那些为人类服务的动物，他都做出了睿智的论述；我在这里将他的话抄录给你们：

> 一个高尚的人对自己的马和狗，不仅会在它们青壮时给以良好的照料，当它们老了、不中用了的时候，依然会如此。因此，当雅典人修建一座神庙之后，会将那些为这项工作出了很大力气的牲畜释放，任其在牧场上自由自在地生活，而且不让它们再进行任何劳作。据说，后来有一头自己又跑回来工作了，而且，走在正在劳作的牲畜前面，就这样又回到了城邦。这件事令人们感到十分欣慰，他们颁布了一项法令，即：这头牲畜须由公费供养直至其自然死亡。那匹曾帮助基蒙（Kimon）赢得三次奥林匹克竞赛的母马，被埋在基蒙的墓旁边，至今仍然可以看到。许多人在埋葬他们所喜爱的狗时都表现出了特别的感情。有一条狗曾在萨拉米海战中游在一艘船的旁边，之后，他被主人埋到了海滩上，这个地方至今仍被称为"葬犬滩"。我们对待这些

有生命的生灵不能像对待鞋子或家庭用品一样，用坏了，就丢掉。如果我们想学会善待他人，就应该对其他生命心怀慈柔。就我而言，我甚至不会卖掉一只曾为我辛勤劳作的老公牛。遑论为了一点点钱，就将一位服侍我到老的奴仆抛弃，让他离开自己饮食作息的地方。那对这个人来说，将无异于流放，因为他对买主不会比对卖主更有用。但是加图似乎还对这些事情感到自豪，说他出任执政官时，曾将自己的一匹战马留在了西班牙，免得再运送它，从而节省了公费。

孩子们，你们将会同意我的看法：普鲁塔克拥有一颗比加图更为高贵的心灵。你们会很乐意听到普鲁塔克为自己的小女儿品行善良而感到骄傲。"当她还很小的时候，"他说道，"当保姆给她喂奶时，她常会要求保姆也给其他孩子喂奶，包括被她视为仆人的那些玩偶娃娃。"

唉！令人悲伤的是，普鲁塔克的小女儿不幸夭折了。

格拉古兄弟：提比略与盖乌斯

"啊，天啊！床上有两条蛇！"一位罗马绅士大叫；他准备要弄死它们。

"慢着，主人！"一个奴隶大喊道，"您不需要问一下预言家，让他告诉您这种奇怪的现象有什么寓意吗？"

于是，他们找来了一名预言家。他观察了这仍在蠕动的生物，指着其中一条，然后又指向另外一条说道：

"如果你杀死这条，那么你将很快死亡。如果你杀死那条，那么你的妻子就会死亡。"

这位罗马人沉思了一会之后，杀死了第一条蛇，而第二条则让其逃脱了。不久之后（这个古老的传说就是这样讲述的），他死了。他爱自己妻子科蒂莉娅的生命更甚于自己。

这位高尚的罗马人的名字叫做格拉古（Gracchus），而他的两个儿子则被人称为格拉古兄弟。其中一位是提比略（Tiberius），生于公元前168年或前163年，于公元前133年被杀，而另一位盖乌斯（Caius），生于约公元前154年，于公元前121年被杀。在他们死去大约二三十年之后，尤利乌斯·恺撒出生了。我会将他们的故事逐一讲给你们。

提比略当选为保民官，或者说是护民官。当一项法令将要在元老院通过的时候，保民官中的任何一员都可以站出来大声说"Veto！"——这句话的意思是"我反对！"——然后这项法令便不得不废止了。提比略是比较贫困的罗马人——也就是平民和普通人——的朋友。在共和国早期，当罗马从敌人那里夺得土地之后，令将其中的大部分土地分给罗马的公民。而且，不允许有人持有超过260英亩的土地。依靠这些田产，罗马人可以过上自足的田园生活。而且，耕种土地的自耕农或者小地主都是勇敢和诚实的市民，他们热爱这片土地，使得土地收成丰饶。但是，渐渐地，比较富裕的人（贵族）将土地弄到自己手中，让奴隶去耕种；结果那些勤恳劳作的自由民逐渐变得贫穷和不满起来。

在罗马广场，或者叫聚会场所，有一个石头平台，高出广场地面11英尺。这个讲台（或者说演讲台）的前面，有两排在海战中从敌人那里俘获的青铜船首。提比略常常会攀爬上船首，朝下俯视着人群，然后开讲：

"每一头在意大利游走的野兽都有自己的巢穴，但那些为了祖国而战斗流血的人除了享有空气和阳光以外便一无所有。他们居无定所，带着妻儿四处游走。当战鼓擂动之时，将军们要求他们去保卫诸神看顾的家园。唉！可是这些人根本没有家园。罗马为了获得财富而发动战争，但财富尽归富人，穷人竟然无立锥之地。"

罗马广场和比较贫穷的街道上的人民听到这些话都觉得十分振奋。

富人们则皱起了眉头，彼此窃窃私语说，必须阻止提比略挑动普通民众的情绪。他们同一个名为屋大维乌斯（Octavius）的保民官进行了秘密会谈，后者承诺会对任何一项分地给平民——即广大公民——的法令说"Veto"（反对）。因此，什么事情都没法完成。多少次，提比略踏上那些船首后方的演讲台说，当平民成为土地拥有者时，幸福的日子便将会出现。但是，屋大维乌斯却总是在那里，时刻准备着说，"Veto！"

人们怒气冲冲。

他们大声喊道："你不再是人民的保民官了！"

于是，屋大维乌斯从保民官的行列中被踢了出去；分配田产给普通公民的法律也随之通过了。

当提比略·格拉古出任保民官一年之后，他希望自己再次出任护民官，尽管这有违罗马的法律。富裕的贵族阶层坚决反对他连任。他的生命也陷入危险之中。在选举日的前夜，一大群朋友在他的房前支起了营帐来保护他，以防他受到袭击。

早晨，大批选民挤满了卡皮托山上的斜坡。当提比略出现在视线中时，他们都疯狂地欢呼起来。但是，一群反对者强行向他冲了过来。棍棒在殊死的搏斗中飞舞，人们左推右挤，成百上千的罗马人被杀死了。提比略也被人用凳子砸晕在地，接下来的一击结束了他的生命。他的尸体被抛进了河中，而那些遭到恐吓和殴打的民众，只能为他们死去的领袖哀悼。

现在，我们讲那位死去的勇敢罗马人的弟弟，他是比提比略更为热血的青年。事实上，他也知道自己脾气暴躁而且言辞强硬。因此，盖乌斯命令一个奴隶随身携带一个象牙管，这个象牙管每当被吹起的时候，都会发出甜美而低沉的音调。盖乌斯讲话时常音调很高。

"我告诉你们，各位，就像我站在这儿一样真实——"

这时，象牙管便发出一阵轻柔的"呼——呼"声，而盖乌斯也随之降低了自己的声调。

如果你们这些男孩和女孩也会不时听到这种象牙管声，也许你们的谈吐会更加令人愉悦。

在兄长死后，盖乌斯以一种淡泊的方式生活了一段时间，期望远离纷乱和喧嚣。但是（古老的故事就是这么讲的），在他的梦里，提比略的魂灵出现了，说道：

"你为什么在徘徊呢，盖乌斯？这里只有一条路可走。你和我命中注定要踏上这条路。我们必须前赴后继。为了平民的利益，我们俩不得不经受这些。"

于是，他就站在了平民的一方，而平民也投票给他，希望他能成为保民官。有一段时间，他获得了更大的权力。

平民十分拥护他。一次，罗马城一个公共场所要举办一场角斗士表演，市政官允许富人在附近搭建看台，以便到时候出租座位。不过，这样的话，那些出不起入场费的普通民众就要被挡在激动人心的角斗场面之外了。也许你会说，让人以那种方式进行搏斗是不对的。是的，确实如此。但是，罗马人和我们的想法不同。如果所有公民都想要去看这场表演，只允许有钱人观看就是不公平的。

一天晚上，保民官盖乌斯·格拉古领了一帮工人来到演出场地，命令他们拆除看台。第二天，平民们拥有了一处清理好的场地，得以享受这场角斗士的表演，于是，他们对保民官大加赞赏。

你知道，罗马原住民只是意大利人的一部分。罗马人是自由民和公民。剩下的意大利人在管理共和国事务上没有投票的权利。用我们今天的话说，即他们没有公民权。盖乌斯期望可以给予其他意大利人公民权。贵族们则不希望一下子赋予成千上万的普通人以投票的权利，从而对盖乌斯怀恨在心。

在非洲海岸的迦太基，有一片土地被选中，供一些贫困的罗马人移民；盖乌斯还亲自前往这个地方，协助安排殖民地的事宜。

他的政敌指责他工作不当，而且令他在卡皮托山会议上为自己辩护。人们预感到这是一场鸿门宴。在审讯前夜，盖乌斯的朋友们都守卫在他的门前。第二天清晨，妻子跪倒在地，一手拉着儿子，一手拉住丈夫，乞求盖乌斯不要去送死。但是，盖乌斯还是像勇士一样毅然前行了。

愤怒的情绪和言辞致使双方大打出手，很快就演变成一场屠杀。盖乌斯只剩下三个随从——一个是他的奴隶,另外两人则是他忠实的朋友。他们四人撤退到了台伯河的木桥之上。盖乌斯的两位朋友殿后,很快就被砍倒了。盖乌斯和他忠诚的奴隶一起死在了复仇女神的神庙里,而这座神庙就在桥后面的树林里。

这两位高尚的兄弟的母亲后来在一栋乡间别墅中安静地生活了许多年,所有知道她的人都对她格外尊敬。人们为她竖起了一尊雕像,而在雕像的基座上则刻着一行拉丁文字:"Cornelia Mater Grac-chor-um"——意思就是,"科蒂莉娅,格拉古兄弟的母亲"。

护民官盖乌斯·格拉古挑战不可能的任务,
遭遇比兄长提比略·格拉古更悲惨的结局

嗜血的平民将军：马略

"阿非利加的战事结束了。罗马雄鹰再次赢得了伟大的胜利。"

"啊，"另一个罗马人对刚才那个人说道，"虽然南部的敌人被击败了，但在北方——白色的阿尔卑斯山背面却还有更棘手的敌人。"

"他们是什么人？"

"他们像巨人一样高大，眼睛是蓝色的。分为两个民族：辛布里人（Cimbri）和条顿人（Teutons）。"

"我们是否有足够强悍的将军与他们抗衡呢？"

"有的，我们可以依靠那位不拘小节的马略将军。他不是那种喜欢住在有柔软垫子的营帐中的文雅战士。他和他的士兵同甘共苦。如果士兵们吃干面包，他也一样。"

马略出身平民。他生活在公元前155—前86年年间。年轻的时候，他曾在农田中劳作。参军之后，他成了一名勇敢的战士，后来受到提拔，成了一名有谋略的队长，再后来，就成了将军。他不在那些拥有田产的人中招募士兵，转而选择穷人——那些一无所有的自由民。马略训练他们，磨砺他们，他们也愿意为马略赴汤蹈火。

罗马人在阿尔卑斯山附近扎下营寨。有两只兀鹰飞过他们的头顶，当它们拍动翅膀时，罗马士兵都欢欣鼓舞。他们说兀鹰朝他们致敬，是胜利的预兆。这两只兀鹰之前曾经被抓到过，而且颈上还有个小铜环套在上面，以方便被认出来。

营地附近有一条河流穿过。军需人员为士兵和牛去取水时，看到河岸上有条顿人。不过，罗马人不但拎着水罐，身上同时也携带着武器。一场小规模的遭遇战在河边打响了。敌人迅速集结，作为先头部队的30000名条顿士兵都来自同一个部落，两军的长矛碰撞着，喊杀声四起。蓝眼睛的条顿人涉水渡河。罗马人则发起冲锋。这场厮杀一直持续到日落，星光照耀在山峰、平原和双方的营地之上。

到了晚上，马略派出一支3000人的队伍偷偷绕到条顿人后方，准备给他们一个出其不意的袭击。

拂晓时分，罗马军队开始从扎营的山顶下行。他们行军稳健，前锋部队坚如磐石。来自北方森林的巨人们，一次又一次凶猛地向罗马的先头部队发起冲锋，但都被击退了。条顿人身后的丛林中突然传来了喊杀声。3000名埋伏好的罗马士兵迅速杀出。于是条顿人最终被击溃了。成千上万的人成了俘虏，所有的战利品尽归胜利者马略之手。这场战役发生在公元前102年。

第二年（公元前101年），马略在意大利北部遭遇了辛布里人。他们拥有15000名骑兵，头盔的形状犹如野兽，上面还饰有摇摆的羽毛；他们胸配铁甲、手持铁盾。距离远时，他们投掷标枪；距离近时，他们就用又宽又厚的重剑搏杀。这些敌人同样也被马略击败了。当罗马人追击撤退的辛布里人时，他们看到了令人吃惊的一幕。辛布里人主力部队的后方车辆上都是妇女和儿童。这些女人握弓搭箭，射向那些逃跑的男人，射杀的可能就是她们的丈夫、儿子或父亲。她们亲手勒死了自己的孩子；最后，在落入罗马人手中之前，她们全部自杀了。辛布里妇女之刚烈，竟至于此！

难怪罗马人民爱戴马略，因为他使人民免遭北方蛮族的涂炭。他连续五年当选执政官。在其任期内，马略更关心的是民众，而不是主子阶层——富裕的贵族或官僚。一个名为苏拉（Sulla）的精明政客组建了强大的贵族党派来反对马略，于是马略被迫逃到海边，乘坐一艘支持他的船开始了逃亡生活。

你将对他的孙子从苏拉手中逃脱的方式会心一笑。一天晚上，这个年轻人正在屋里收拾那些他认为对马略逃亡生活有用的行李。时间紧急，已是黎明时分；一队苏拉的骑兵出现了。这个庄园中的一个农夫看到他们来了，连忙将这位年轻人藏到了自己装着豆子的牛车上。这个农夫路过那队骑兵的时候，赶着牛车尽可能快走，骑兵们看到了车上的豆子，却没有发现那个躺在豆子下面的年轻人，而此时，这个年轻人的心脏则跳得飞快。

载着马略的船停靠在了海岸的某个地方，而这位将军，因为晕船，登上陆地后很高兴。他看到了正在放牛的村民，请求他们提供一些茶点。但是村民们认得马略，不敢给他提供任何东西，而且恳求他立刻离开这里，以免苏拉因他们收留马略而雷霆震怒、毁灭此地。这艘船只好又起航了。第二天，再次靠岸，马略和他的同伴躲在浓密的树林里，又累又饿。但是他从来没有失去信念。

"鼓起勇气，我的朋友们，"他说道，"当我还是孩子的时候，一只老鹰的巢，连同几只雏鸟落到了我的腿上。这预示着，好运迟早会降临到我身上。"

一支骑兵中队出现在了视野之中。马略和他的同伴连忙跑到海滩上，跳到海里，尽最大努力游到恰好要靠岸的两艘船上。追来的骑兵大声喊道：

"马略就在你们的船上！以苏拉之名，我命令你们把他交出来！"

一开始那些船员们觉得应该听从追兵们的吩咐；很快他们改变了主意。最后，他们拒绝了骑兵的要求。这些骑兵咒骂着离开了。但是船员们害怕因继续庇护这位有名的将军而受到处罚，便说现在风方向吹得不对，必须原地等待。这样，马略也可以登陆在草地上休息。于是他们便把马略送到陆地上，然后驶离了这个地方，留下马略独自一人。

这是一个荒凉阴森之地。马略爬过溪流和沼泽，在这片沼泽地的中央看到了一所破旧的屋舍。他扑倒在那屋舍主人的脚边，寻求他的庇护，以躲避敌人的追捕。

"跟我来，"这位好心的老农夫说道。

他将马略领到河边的一个洞穴里，在地面上铺了一床干燥的芦苇，然后嘱咐这位疲惫的将军安心休息。但是，马略很快又听到了追捕者的喧闹声。他赶快离开了洞穴，在泥泞的沼泽中费力穿行，泥沼甚至没过了他的颈部。很快他就被发现了；然后，浑身又脏又湿，他被当做囚犯带到了离此地最近城镇的长官那里。

长官裁定马略应被处死，于是，一个人手里拿着剑，走进了关押马略的地方，准备将他正法。这所牢狱光线灰暗，透过幽暗的光勉强可以看到马略的面容，他的双眼闪着轻蔑，大声呵道：

"谁安敢弑杀马略？"

他的神色和声音是如此威严，那个准备杀他的人感到害怕了，撒腿就逃，一边还说：

"我不能杀马略！"

此时，怀着拯救这位将军的希望，该镇的很多市民聚集了起来。他们全都围在监狱大门前。

"放马略出去，"他们呼喊道，"正是他才保护了意大利！"

马略被释放了，人们将他送到海边，他的一个忠实的支持者给他提供了一艘船，人们目送他登船。一段时间之后，他在阿非利加海岸登陆，这个地方的断壁残垣诉说着那曾经矗立着的骄傲之城——迦太基。他希望可以得到该地罗马总督的帮助。但是，该地总督的一位书记官过来说，他必须立刻离开，否则将被视作敌人。

马略坐在那里沉思着。他为这样的想法感到悲哀：自己竟然像一头野兽一样被驱赶，四处逃窜。这位书记官问他是否需要传话。

"告诉你的主人，"这位流浪者说道，"你看到过放逐者马略，正坐在迦太基的废墟之上。"

我猜马略是在影射说，无论多么宏伟的城市均会衰落，就像迦太基那样；无论多么强势的政治家也都会从高位跌落，正如他自己正在经历的那样。

这位闷闷不乐的将军再一次踏上了他的流浪之旅。苏拉已经离开罗马去了东方，同亚洲的敌人交战。马略认为，此刻他的机会来了。他在意大利北方的托斯坎尼海岸登陆了。

"我宣布，那些愿意助我一臂之力的所有奴隶，都将获得自由。"他对在登陆时迎接他的人说道。

不仅仅是奴隶们，还有自由民——农夫、牧羊人和其他劳动者也都来帮助他。他们认为马略是穷人和下层人的朋友。如果他成了罗马的统治者，那么广大贫民就迎来了黄金时代。马略很快有了一支强大的军队。他朝着罗马进军，把军队驻扎在山上，俯瞰着这座城市，准备随时发起进攻。

议院（也就是元老院）送来信息说罗马城愿意投降。

接下来，可怕的一幕发生了。一群由马略特别挑选的嗜血之徒，随着马略在大街上巡视着，不断地杀掉马略判定应处死之人。如果有人路过向马略鞠躬，而这位老将军没有向他回礼，这将是死期已至的信号。这个人会被立刻处死。

然而，马略并不能忘怀他那恐怖的行径。在夜深人静时，他躺在床上翻来覆去，想起那些被他杀掉的人，想着苏拉将如何从亚洲回来；而到时候会怎么样？一个声音则总是萦绕在耳边，一遍又一遍地重复着说："远方狮子的沉睡是可怕的——远方狮子的沉睡是可怕的——远方狮子……"

就这样，身体发热、心智混乱，他卧病在床，而后撒手人寰，享年70岁。

你看，当民族的不同党派相互征伐时，罗马陷入了怎样的无序状态。

对罗马来说，幸运的是，一个强大的意志将很快使这片土地恢复秩序，给共和国带来和平安定。这个强大的意志来自于尤利乌斯·恺撒。

被放逐的马略流浪到迦太基的废墟

红脸的贵族独裁者：苏拉

"着火了！"士兵们大喊道。

确实有火，不过并不是房子着火了，而是从一个地穴中喷发出的巨大火焰。

整个军团都停下脚步去观看这个奇怪的景象，而名为苏拉的将军则传占卜官们来解释火的预兆。这些人相互嘀咕一阵之后，其中一个人说道：

"将军，正如刚才这场突然从地面喷薄而出的火焰一样，在意大利将会出现一位高尚的人，他勇敢而英俊，会终结罗马共和国的混乱局面。"

苏拉微微一笑。

"那个人就是我自己。说到美貌，我金色的卷发就是证明。至于勇气，我已身经百战，足以证明我的气概。"

或许这火焰是火山喷发造成的。

其他奇怪的征兆（或迹象）也相继发生，都被解读为灾祸即将降临意大利的预兆。有一天，天空明亮而清澈，天空中却传来了清澈嘹亮的号角声；但却没人看见号角！而在另一天，当罗马元老们坐着时，一只麻雀飞入了他们的集会大厅，嘴里还衔着一只蚂蚱。它将这只蚂蚱啄成了两半。于是，占卜官们（或者预言家）宣称说这是一个预兆——意大利人民将会被分成两派。唉！人民确实被分裂成了交战的两派；但是，你不必相信那个号角声的故事。至于另一个故事，一只麻雀将一只昆虫啄成两半——这也并不是什么奇妙的事情！

"苏拉"或者"西拉"这个名字，是"红色"的意思，而这位罗马将军之所以会被人这么叫，是因为他有着深红色的皮肤。他的双眼阴郁凌厉，他的性格偏执而残忍。然而，他有时看起来似乎又只在乎寻欢享乐，他会在小丑和舞者的陪伴下空度几个小时甚至几天。他生活在约公元前138—前78年。

本都（位于小亚细亚）的国王米特拉达梯（Mithridates）率军进入了希腊。罗马人派苏拉去迎击他们。

当这位红脸将军在一座希腊城市前面停下来时，这座希腊城市便向他敞开大门；后面一座接一座的其他希腊城市亦是如此。各个地方的市民也有意屈服于罗马，因为他们知道罗马肯定会打败本都国王的。但是雅典城却不愿屈服。于是苏拉对该城进行了围攻。苏拉拿下此城的决心十分坚定，针对雅典城墙，他调来了大量的攻城器械；这些器械是如此之多，以至于他雇用了10000头骡马去拉它们。由于苏拉渴望获得维持这场战争的费用，他派出了一名信使来到位于德尔斐城的著名的太阳神阿波罗神庙，命令祭司们将金银财宝交出来。

"听！"这些祭司向那名信使说道，"你难道没有听到竖琴的声音吗？这是太阳神自己在拨弄琴弦，在神庙的内室中创作音乐。"

这位信使向苏拉写了一封关于此事的书信。红脸将军大笑,然后回复说:太阳神弹奏美妙的旋律是在表示,他十分乐意使用自己的金子为苏拉效劳!于是这些可怜的祭司们不得不交出他们珍贵的藏品,他们引以为豪的一个巨大的银瓮也只好交了出来。

与此同时,雅典人正在忍受饥饿。他们不得不吃草根甚至啃皮革。最终,卫戍部队的指挥官派出了一些人求和。但是求和者却愚蠢地以一种夸耀的方式向苏拉吹嘘古代那些为雅典而战的英雄们。

"走吧,你们这些高贵的灵魂,"苏拉用嘲讽的口吻对他们说道,"带着你们华美的言辞回去吧。我被派到雅典不是来学习你们的古代史的,而是要惩罚那些桀骜不驯的人!"

这座城市很快被攻陷了,很多人在雅典街头惨遭杀害。

本都国王的一支军队在山峰上占据了有利的位置。两名希腊人对苏拉说,他们愿意带领一队人去山顶,这样便可以从敌人的后方打他们一个措手不及。苏拉给了他们一小队罗马士兵。他们沿着一条狭窄的小道爬行,没有被亚洲人发现。苏拉则在前方进攻。当希腊人带领的那队罗马士兵突然出现在山顶,向下方的本都军队喊杀过来,本都的士兵慌忙向山下撤退,从一块岩石向另一块上跳,但等待他们的只有苏拉军团的长矛。在本都军队中，有 15000 名士兵是奴隶。他们被承诺说，战胜罗马人就可以获得自由；结果只有很少人保住了性命。

　　此役不久，又发生了第二场战斗。敌人驻扎在一片沼泽地附近。苏拉命人去开挖战壕，这样当罗马骑兵从另一个方向将敌人往泥沼里赶的时候，就可以防止敌人从一个地方逃走。敌人疯狂地扑向这些挖掘者，这些战士四散奔逃。红脸将军便从一个掌旗官手中一把夺过一只木制雄鹰，冲入逃兵之间，厉声道：

　　"罗马人听着，这儿就是我光荣战死的地方！当你们被问起在什么地方抛弃了自己的将军时，记住告诉他们，就是在这里！"

　　这些话让苏拉的士兵心中升起一股羞愧之感。他们重新集结起来去支持他，这场战斗最终又以罗马共和国的战士获得胜利而告终。不久，希腊人从米特拉达梯手中挣脱出来，获得了自由，米特拉达梯也请求议和。

　　苏拉遭受到了痛风的折磨，于是他来到一处温泉，据说温泉水有一定的疗效；他在那里泡着自己肿胀的脚，和那些舞者和小丑们悠闲地度过了一段时光。

　　在返回意大利的途中，当他行军至亚得里亚海岸时，路过了一个地方，那里的草甸和树木都有着一种最迷人的绿色。而且，在这里有人还给这位红脸将军抓来了一个长相奇特的人——森林野人——他被发现时正在地上睡觉。

　　"这是萨提尔（Satyr）。"那些将怪物献给苏拉的人们说。

　　萨提尔经常会出现在古希腊雕刻家的雕塑中。他们让他看起来像是一个调皮的人,有着哈巴狗的鼻子,卷曲的头发和尖尖的山羊耳朵,还有一个短尾巴。萨提尔常常会作弄那些穿越森林的旅行者,嘲笑他们给自己带来的烦扰。这个被献给苏拉的萨提尔不会说任何语言。人们用拉丁语、希腊语以及波斯语去问他一些问题,但是都一无所获;他做出回应的声音,听起来就像是马的嘶鸣声或山羊的咩咩声。苏拉被眼前的这一幕震惊了,于是便命人将这个所谓的萨提尔带走了。

　　不错,见到这种丑陋的生物,再听到他那刺耳的声音确实让人不快。但是我们又该如何评价苏拉本人呢?他有一副人形:四肢修长、思维敏捷,但他的所作所为却极其残酷。当他抵达意大利后,便去了罗马城。他的目的便是要镇压平民派。他效力于上层阶级,或者说是贵族。在整个意大利的土地上,那些诚实勇敢的人民或是勤恳地从事着农耕、贸易,或是服役于罗马军队,但是他们却不被允许成为一名自由民,拥有在公共事务中投票的权利。他们中的许多人揭竿而起,其中一些人也获得了自由民的头衔;但是极度的不满依然充斥在这片土地上,占人口大多数的普通民众同以苏拉为代表的贵族之间的仇恨愈演愈烈。

　　于是,在罗马的城墙边爆发了一场战斗。苏拉取得了胜利,进而控制了整座城市。这是一个恐怖的故事,苏拉将 6000 名俘虏赶到一个院子里，然后将他们全部处死，这些悲愤的俘虏发出的哭喊声清晰地传到元老院，而苏拉则若无其事地向元老院的元老们发表着演讲。他命人在公共场地列了一张公民名单，名单上的公民列为"危险"或"有罪"分子。名单上的公民全部处死，他们的财产由一些陌生人接收。第一天有 80 人被杀；第二天是 220 人；第三天，超过 220 人被处决。苏拉宣布自己为独裁者，拥有一切生杀大权。平民派陷入了深深的悲痛之中；而贵族们则拍手称快。

当苏拉认为他已经彻底将平民派恐吓住之后，他便放弃了自己的高位，做了一名普通市民，行走在大街上时也不带一个侍卫。之后，他到一栋海边别墅里过起了退休生活，死于公元前 79 年。在他的葬礼上，有大量的肉桂和其他气味芬芳的香料被焚烧。但是他给人的记忆却一点也不芬芳。谁会喜欢那个给别人带来如此多悲伤和痛苦的人呢？

我们更愿意去纪念那位在一个注定被苏拉毁灭的城市中的罗马人。大批以叛逆之罪被逮捕的人们，全都被苏拉处死，只有一人得以赦免，因为苏拉曾路过他家，并在那里度过了几小时的愉快时光。

"不必了，"这位高尚的罗马人说道，"这么多同胞死于不公，我怎么愿意独自苟活。"

于是，他隐于人群之中，死于他们中间。他的名字无可知晓，但我们向这位无名英雄致敬！

罗马首富：克拉苏

崎岖高耸的悬崖峭壁矗立在海滩之上。在这些岩石之间，可以看到一个黑色的缺口，那是一个洞穴的入口。波浪不断地拍打在沙滩上，激起的浪花，散落在洞口岩石的四周。

一个男人，拎着一个大篮子，沿着海滩走来。他朝着四周望了望，似乎在确保没人看见他。走到洞口，就把篮子放了下来。然后，他便迅速离开了。此时，夕阳西下。

这时，一个奴仆装扮的罗马人出现在洞口，将篮子提起，然后又进入了洞内。如果跟着他，我们就会看到他进入一个巨大的洞穴中，这个洞穴是以前海水穿过岩石壁面形成的；他然后又走进了后面一个略小的洞穴中。那里坐着十来位罗马人以及他们年轻的主人——克拉苏（Crassus），克拉苏生活于约公元前105—前53年间。篮子被打开了，他们拿起里面的食物尽情享用起了晚餐，同时，也留了一些准备明天再吃。

整整八个月，每天晚上，都会发生同样的事情。这些人之所以躲在这个洞穴中，是因为他们是秦纳（Cinna）① 的反对者，而愤怒的秦纳则准备将所有的异见者全都处死。于是，克拉苏和他的同伴从罗马逃到了西班牙，找到了此处洞穴作为避难所。这个洞穴临近他朋友管辖的区域，而且他的这位朋友每日都会派心腹给他们送饭。这个山洞有足够的空间，除了我刚才提到的，里面还有其他几处洞穴或洞室。

后来，当秦纳死后，克拉苏就从避难所中出来了。克拉苏出生于罗马的一个知名家族，并成长为人民的领袖。当时的罗马有三位名人，除克拉苏之外，还有庞培和恺撒：庞培，生活在公元前106—前48年间；尤利乌斯·恺撒，生活在公元前100—前44年间。

在这个世界上，克拉苏最喜爱的东西莫过于财富了。他拥有大量的奴隶，而且他们中的许多人都很聪明，能读能写，还能教学；于是，克拉苏就将这些可以教学的奴隶以比他买进时高出许多倍的价格卖出，因为这样的奴隶在市面上是要被那些富裕家庭买来当家庭教师的。他在鳞次栉比的罗马街道上拥有大量的房屋，克拉苏将这些房子出租出去，也从中得到了一笔巨额的收入。他的财富与日俱增。

克拉苏率领了一支军队镇压叛乱的奴隶。一些叛乱

---

① 路奇乌斯·科尔涅利乌斯·秦纳，在公元前87—前84年间，曾四次出任罗马执政官，他也是尤利乌斯·恺撒的岳父。

者是角斗士——他们是在战争中被俘虏的战士，经过训练后，被送到角斗场上在一大群观众眼前进行搏斗。在这些角斗比赛中，角斗士通常会被杀死。他们当时领袖是斯巴达克斯（Spartacus），其追随者也包括一些牧民和羊倌。斯巴达克斯怀着为他的军队赢得自由的希望，领导奴隶们赢得了不止一次战役。公元前71年，在最后一次战斗前夕，他拔出宝剑，杀了自己的战马，说道：

"如果赢了这次战斗，我将会有很多马匹；如果败了，那么我也用不着它了。"

穿过一阵箭雨，角斗士的领袖迅猛地向克拉苏这位罗马将军冲去。两名罗马军官试图阻止他那英勇的脚步，但被他一一击杀。最后，他陷入到了敌人的包围之中，壮烈牺牲。斯巴达克斯是一名英雄，他为了给奴隶争取自由而战死。因此，我不认为这场胜利对克拉苏来说有什么光荣的。

而且，他对金子的喜爱日益强烈了。

甚至，有一次，当他和庞培当选为罗马共和国的执政官之后，克拉苏宴请了整个罗马城的公民。来的客人坐满了10000张桌子。就此事来看，你也许会认为他很慷慨。但是他的目的是要获得一种崇高的荣誉，而这种荣誉将会给他带来更多的财富。另外，他宴请这些公民的目的是为了获得他们的支持。

恺撒被任命为高卢这片辽阔土地的总督已有五年。庞培则掌管着西班牙的山区和肥沃的土地。克拉苏被选为军事统帅,同幼发拉底河对岸凶猛的帕提亚人①作战,那里距离罗马有 1000 英里之远。他的内心很高兴。这是他梦寐以求的荣耀。他认为自己将头戴胜利王冠,并把东方的金银财宝揽入怀中。

"到东方去!到东方去!"他的内心一遍又一遍地呼唤着。

克拉苏率领了一支庞大的军队穿过小亚细亚。他们在幼发拉底河上搭建了一座桥,以使军队通过。很多城堡和市镇迎风而降,但有一座小城却紧闭城门。不过,罗马人很快就攻下了它。克拉苏对于攻下这座小城欣喜万分。他的士兵也朝他喊道:

"万岁!万岁!"

这位愚蠢的人对将士们的奉承感到洋洋自得。他派出自己的书记官到所有他征服的城镇统计公共财产以及寺庙中的黄金。他已经开始计算自己的利润了。

克拉苏沿着河边的高地行军。河中的船只沿途跟随,装载着食物和其他军需以补给军队。

一天,一个阿拉伯酋长来到罗马人的营地,他的眼睛是黑色的,他的头发是黑色的,他的皮肤也被太阳晒成了黑色,一件宽松的斗篷遮住了他的头、肩和脊背。

"将军,"他对克拉苏说道,"您的军队是我见过的

---

① 帕提亚,又名安息,是亚洲西部伊朗地区的帝国,建于公元前 247 年,公元 226 年被萨珊波斯取代。

最威武的军队了。您还等什么？敌军已经失去了信心。我看到他们的营地就在那边的平原上。您的士兵现在个个精神抖擞。我建议您立刻从山上下来给敌人一记重创。您一定会取得胜利的！"

呃，这个阿拉伯人是奸细。他是帕提亚人派来的。

当这个阿拉伯人提出要给罗马人提供一条通往敌军所在平原的捷径时，克拉苏迫不及待地答应了。

起初，那条道路对步卒和骑兵以及营地补给者们而言，的确是平坦易行的。然而，过了不久，他们便发现自己来到了一片广阔的沙漠上，又累又渴地在沙丘上跋涉着。没有小溪提供饮水；没有树木可以纳凉。那名阿拉伯人立马抛弃了罗马人任其自生自灭。

帕提亚指挥官相貌端正、身材高大，还有一头卷发。他自豪而冷静地指挥着自己的军队，确信自己会获得胜利。

罗马人排列成了巨大的方阵，缓慢地向前移动着。他们中的许多人嘴里嘟囔着："我们本应该待在山上。"

帕提亚人擂响战鼓进击了。这些战鼓是由皮革制成的，上边还挂了一些小铃铛，当这些战鼓被敲击时，上面的铃铛也会同时铮铮作响。突然，帕提亚骑兵脱掉了他们的外套和斗篷，露出闪着寒光的盔甲。他们朝着罗马人奔来。继而，他们忽然显出怯意，掉头逃窜。于是罗马人就追击了过去。帕提亚人突然转身，边撤退边朝着罗马人发射毒箭。这是帕提亚人的风格——奔跑中的骑射之术。他们的箭矢供应十分充足。许多头骆驼驮着这些武器,这样就可以源源不断地供给箭矢。

罗马统帅的儿子——小克拉苏带领一些士兵追击一队遁逃的敌人。敌军停了下来,面朝着他,然后扬起一大片尘土和沙粒,这样小克拉苏就很难再看清楚他们。这位年轻的统帅被杀了,敌人在老克拉苏的眼前高举着他儿子的头颅。这位年迈将军在队伍中走来走去,不断地要求罗马士兵鼓起勇气。这一整天,罗马共和国的士兵的确竭尽了全力。他们不乏勇气,但却对自己的将军失去了信心。

夜幕降临,罗马营地上的寂静令人心伤。克拉苏用一个斗篷盖住头部,躺在地上一句话也不说。他的一些将领召开了一次军事会议,决定解散营地。罗马人趁着天黑悄悄溜走了,没有号角吹响的声音,只留下那些伤员听天由命。

夜间,一座城镇的哨兵们听到大门外有人用拉丁语叫他们开门。第一批撤退的军队来了。这座城镇目前由罗马士兵驻守。于是这些败兵在这里得以休整了几天。

随后,他们再一次朝着山地之国进发。一个向导将他们领到了沼泽地带,罗马人和他们的战马都在泥泞中挣扎前行。经历了千辛万苦,他们终于抵达平地。很快,帕提亚的主力部队又出现了,帕提亚的统帅邀请克拉苏去他那边商讨一下议和之事。克拉苏不愿意去。

"你必须去!"他的士兵喊道。"是你带领我们攻打帕提亚人的。现在他们前来同你讲和，你还没准备好去见一面吗？"

于是克拉苏下了山，只带了他的几个随从。他们步行走了过去。

"什么！"那位身材高大的帕提亚将军喊道，"我没看错吧，罗马将军步行过来？你必须有一匹马才行。"

一匹套着金质马具的马被牵了过来，克拉苏骑了上去，随着帕提亚人骑行了一小段路程。罗马军队在山坡上望着他们，他们看到了一场厮打，双方开始了混战。不久，罗马人倒下了。一个帕提亚人手中提着克拉苏的人头。

我不必去讲述接下来发生的令人悲伤的故事了。据说在这场平原上的战斗中，撤退的罗马士兵有20000人被杀，10000人被俘。

是的，我们应该为罗马人感到难过。不过，我们也应该为更多的那些在罗马人征服过程中被杀的亚洲人、非洲人以及欧洲人感到悲伤。

克拉苏也是值得我们同情的。他是多么醉心于财富啊！他又是多么希望成为帕提亚之王，将帕提亚人的黄金珠宝尽数收归到自家宝库之中！

在历史上，人们都称其为富有的克拉苏。

但是，他真的富有吗？

你知道我指的富有是什么吗？

豪奢的军事天才：卢库勒斯

大雪纷飞，十个步兵队罗马士兵（一个步兵队大约有600名战士）正在暴风雪中奋力前行。当然也有骑兵，他们的战马则在结了冰的地面上滑行。一些人被严寒吞噬，倒在了大雪中。这名生活在约公元前110—前57年间的将军卢库勒斯（Lucullus）却顾不得这场暴风雪，命令军队继续前行。他们追上敌人——本都国王米特拉达梯的军队，斩杀了很多敌人，并且俘虏了15000人。

本都国王从水路逃走了，在许多战船的掩护下驶向了黑海。他们遇到了一场暴风雨，国王的很多船都被毁坏了，破碎的船板和绳索沿着海岸散落了好几英里。国王的船也开始不断进水。一艘黑海海盗的船恰好经过这里，国王侥幸得到了他们的帮助抵达了本都海岸。

这位罗马将军有着坚定的意志。他怎么可能让这位国王逃出生天，而让自己的战士徒然领受大雪和冰雹，以及伤痛和死亡呢。

本都国王意欲重新一战，他将营地驻扎在位于山峰和丛林之间的一处平地上。罗马人的营地则离此不远。一天，这位国王的手下们大呼小叫地追逐一头鹿。罗马士兵见势便冲出营地去袭击这些本都人。一场小规模战斗开始了。罗马人战斗失利,开始撤退。

卢库勒斯站在营地的城墙上(你知道的,营地的四周都围着土墙,墙上还留有大门)观察这场战斗。他独自一人从城墙上跃下,冲向战斗地点。

"停下!"他对迎面逃回来的第一批士兵大喊道。

士兵停了下来;后来者就顺势集结了起来。他们对敌人进行了坚决的抵抗,最终将其击退回敌营。

但是卢库勒斯对此并不满意。他号令所有军队集结,并命令那些之前在敌人面前退却的士兵们脱掉外套和皮带,挖一个长 12 英尺的壕沟。其余的士兵则看着他们挖沟。挖沟被看做是极大的羞辱。

几天之后,罗马人突袭了本都人的营地。本都国王的军队在慌乱中奔逃,甚至从自己的友军那里抢劫掠杀。为了得到一袭紫袍,他们还杀死了自己的一名将领。米特拉达梯国王被一群从营门涌出的士兵裹挟而去。罗马人正要靠近他时,恰好有一头骡子跑了过来。骡子背上拖了一大袋金子。这些追赶者便抓住了骡子,争吵到底谁应该拥有这些黄色的金属。结果,国王便趁势逃走了。

于是,罗马人一步步控制了整个小亚细亚地区。本都国王则逃到了自己的女婿——亚美尼亚(Armenia)的山地之王提格兰尼(Tigranes)那里。一个名为阿庇乌斯(Appius)的罗马人被派到了亚美尼亚国王的宫廷。

亚美尼亚国王统治着一个大国。每当他骑马出行时,便会有四个穿着短衫的侍者在前边开道，跑得跟马一样快。而这四个侍者则是被征服国的国王。

提格兰尼坐在他的宝座上，那四位阶下囚国王则站在一旁，双手都紧紧地握在一起，以示他们的奴隶身份。一大群侍臣都穿着华美的长袍。

阿庇乌斯，这位罗马使者面无惧色地环视了一下这群华服异彩之人。

"陛下，"他说道："我到这里来是奉了我的将军卢库勒斯之命。他要求您将本都国王米特拉达梯交出来。"

"为什么？"这个国王问道，他尽力使自己看起来对罗马军队毫不在乎。

"为了当卢库勒斯凯旋，穿过罗马街道时，能让他跟在卢库勒斯的后面。"

"那要是我不把他交给你呢？"

"那么，陛下，罗马人将会向您宣战。"

听到这句话的人都感到震惊。之前还从未听到过对国王如此无礼的言语。

两国宣战了。在白雪皑皑的托罗斯山附近，坐落着亚美尼亚的重镇。提格兰尼已经聚集了大批的骑兵、弓箭手和投石手，还征用了35000名民夫去铺路造桥，为这些士兵提供木材和饮水。

在这座城市和河流附近的一块平地上，驻扎着卢库勒斯的一小支军队。6000名士兵密切注视着城中的动向，另有11000名士兵准备向提格兰尼的主力发起攻击。

当罗马人移向河边时,这位国王从山上注视着这一小股士兵。他身旁的亚美尼亚人对敌军兵力的单薄发出了嘲笑。

"罗马人害怕了!他们撤退了!"他们高声呐喊道。

表面看起来确实如此。只有一个侍臣不这么认为。

"陛下,"他对国王说道,"准备撤退的罗马人不会戴着头盔,而且把盾牌擦得锃亮。"

这时,罗马人突然向右行军。他们已经到了一处浅滩。冲在前方的第一个士兵扛着罗马鹰旗,在水中溅起浪花;其余的罗马士兵则井然有序地跟在他的身后。

提格兰尼惊呼道:"这是来攻击我们的?"于是,他连忙布置军队迎击。

当卢库勒斯准备踏入河流中时,他的一个书记官说道:

"将军,今日是罗马历史上一个黑色的日子。正是在今天——10月6日——来自北方的辛布里人曾经在意大利击败了我们。"

"我将会把今日变成罗马人的开怀日。"卢库勒斯回答道。

两军进行了鏖战。卢库勒斯分出一支部队,登上山峰,朝他的士兵们喊道:

"胜利属于我们,我的战友同胞!胜利属于我们!"

结果确实如此。倒在山谷中的尸体数量惊人;然而(据说是这样)罗马人仅仅死伤105人,其中死者5人。

这位轻视敌军兵力的自负国王,就这样被打败了。

卢库勒斯在亚美尼亚的群山中奋勇前进。罗马人从来没有如此远离家乡。他们艰难地爬上山道,滑过重重雪堆,穿过那浩瀚而孤寂的森林。最终,他们的耐心被耗光了。征服再多的不毛之地也是毫无意义的。卢库勒斯听到了士兵们的怨言,于是下令撤退。

不久他回到了罗马,他在小亚细亚的位置由著名的将军庞培(Pompey)接任。

罗马城为卢库勒斯举行了盛大的凯旋仪式。在这场盛会中,可以看到10辆轮子上装备着镰刀的亚洲战车;60名被俘虏的贵族;110艘铜制前舷的战船(当然,这些战船是由马车拉动的);一尊米特拉达梯国王的雕像,这尊雕像高6英尺,由纯金制成;20箱银器;22箱金杯和金币;8头骡马驮着的金质床架;56头骡马驮着的银锭,还有107头骡马载着的银币。

那么现在,经过这些艰辛的战役和胜利,你们觉着卢库勒斯接下来会干什么呢?

你们听说过那不勒斯湾吧——蔚蓝的大海,长满绿树和藤蔓的山坡,还有后面拔地而起的维苏威山。这位罗马的老将军决定在这片风景宜人的海滩定居——在这里吃喝玩乐。于是他在这里建起了一座豪华的别墅,或者说是府邸。这座府邸房屋众多,进去之后,满眼都是大理石、金子、银子,还有那昂贵的紫色地毯。众多的奴仆在房间中往来走动。人工喷泉喷出朵朵水花,使起居室凉爽和悦耳。晚餐时分,贵族一边用餐,一边聆听着奴隶们吹奏的悠扬笛声。卢库勒斯在罗马附近还有另一所宅第,那里有好几间豪华的会餐室,其中最大的一间以阿波罗命名。

一天,卢库勒斯在罗马元老院见到了自己的两位朋友——演说家西塞罗(Cicero),他生活在公元前106—前43年,还有庞培将军。

"美好的一天啊,卢库勒斯,"西塞罗说道,"最近我们好久没有共度良宵了。"

"没有什么比今天晚上邀请你去我家用餐更让我开心的事了。"

"那真是太谢谢了;但是你不用为我们准备宴席。我们只是想和你吃一顿家常便饭而已。"

"我亲爱的西塞罗啊,待会儿你就会听到我对奴仆的吩咐,朴实而且简单。"

于是他喊来一名奴仆,对他说道:

"我和两位朋友今晚在阿波罗用餐。"

"好的,主人。"

于是他们就暂时别过。但是,等二人来到卢库勒斯宅第的阿波罗厅时,发现那里已经用金、银和紫色的地毯装饰起来了。桌子的盘子全都是金质的。乐师组成的乐队在演奏着音乐,舞者在精致的地板上起舞,玫瑰花瓣四处飘落,这场宴会可谓耗资不菲。

卢库勒斯有专门藏书的房间,学者们(或智者们)

会到他家去阅读这些书籍，坐在门廊下交谈。他还有一些装满画作和雕像的画廊，这些东西都价格不菲。

他的宅第附近有一个很大的花园，那里有雪松供人们在凉荫下休息，还有高大的棕榈树，把桃金娘和无花果树掩盖在自己的枝叶之下；那里鲜花似锦，铺满地面；那里喷泉绽放，水声淙淙；那里有绿色的拱门和供人们散步的蜿蜒小路。此外，卢库勒斯在那不勒斯湾也有自己的花园，卢库勒斯在彼处建造了体积庞大的池塘，池塘中的水就近从海中引入，许许多多的鱼在其中游来游去。

这就是卢库勒斯的宅第和花园。

将这么多的钱花在享乐上面，他这么做对吗？

也许你会说，这些钱是他自己的，是他在战场上赢来的。确实，他在战场上奋力作战；但是，他的士兵也和他一样，而他们从战场上回家之后，却是在田中辛勤劳作，居住在陋室中。此外，意大利还有许多人生活在困顿和贫穷之中。当这些人处在如此环境中时，举办奢华的宴会真的合适吗？

进一步说，这些宫殿和花园离了奴隶们的劳动也不可能维持下去。在这栋金碧辉煌的宅第之下，埋葬了许多男人和女人的自由。

另外，这些宅第和花园都是一个人的私有财产。如果是为了全体公民娱乐而将其打造得如此美轮美奂，我们或许还能平添几分赞许。但即使是这样，我也不能明白：堆积如此多的金银，生活真的就会充满阳光和愉悦吗？

最后，不要忘了，卢库勒斯的财富是从亚洲人民的手中抢夺来的。他们当中，又有多少人因为卢库勒斯的花园，而过着比之前更为悲惨的生活，担负更为沉重的赋税呢！

西班牙总督：塞多留

"万岁！"在城墙上观望的西班牙人高喊道。"我们的勇士回来了！他们正挥舞着自己的利剑！他们已经打败了塞多留和他的罗马士兵！"

"打开城门！"其他人喊道。

市民们欢呼雀跃地涌了出来。但是，当这些被他们看成朋友的人突然扑过来，左右砍杀的时候，他们又该多么惊恐啊！

统帅塞多留（Sertorius）原是马略手下一名悍将。他十分狡猾，事先让自己的士兵穿上西班牙人的服装，假扮成西班牙人，然后骗过了那些市民。很快这座城镇就落入了罗马人之手，大部分原住民都沦落为奴隶。

塞多留很狡猾，但他并不怯懦。面对危险的时候，他毫不畏惧。在一次战斗中，他失去了一只眼睛。塞多留常常很自豪地谈论此事。

"噢，"他说道，"很多士兵会将项链和王冠作为他们胜利的奖励。但是他们不能总是天天戴着这些东西吧，而我却可以将战斗带给我的大礼随身携带！"

塞多留曾在罗马城逗留过一段时间，希望可以谋得一个掌实权的职位。但是苏拉——那名红脸将军——是他的对头，于是塞多留觉得，此时退居到西班牙是一个明智的决定，在那里他可以反对苏拉的统治。苏拉派出军队迫使他屈服，但是塞多留有勇有谋，成功地从海路逃脱了。一场强烈的暴风雨几乎葬送了他的舰队。他再次在西班牙南端登陆，那里靠近水上通道，也就是现在闻名的直布罗陀海峡。这时，他遇见了一队海员，他们刚刚从大西洋返航。

"你们去了哪里？"他向这些水手们问话。

"阁下，"他们回答道，"我们去了无尽的大海，直到抵达幸运群岛，那里离这边有1000英里之远。"

"它们是些什么样的岛屿呢？"

"那里很少下雨；微风轻柔地吹着；空气甜美；土地肥沃。我们觉得这些岛一定就是诗人荷马所歌唱的幸福的乐土。"

"我将亲自去拜访一下这片乐土。"塞多留说道。

但是他的计划却永远没能实现。他路经摩洛哥时，帮助了摩尔人的王子重新夺回了他失去的王位；然后，当他抵达阿非利加时，塞多留收到了一个来自西班牙的信息。

"我们期盼着您，"信中说，"成为我们的统帅，领导我们抵御罗马人。"

于是，这里出现了一位罗马人，他作为西班牙人的首领去对抗自己的共和国。这并不是因为他恨自己的祖国，而是因为他认为罗马的大权已经落入了那个居心不良之人的手中。

一天，一位西班牙人给塞多留将军献上了一只美丽的小鹿。这个小家伙全身雪白，而且很快就黏上了它的这位罗马主人，塞多留走到哪里，它便跟到哪里，像条小狗一样，即便是在吵闹和喧嚣的军营也不例外。最终，塞多留计上心来，他觉得自己可以充分利用一下这头小白鹿。他告诉西班牙人说这个生灵是新月女神（即狩猎女神）狄安娜赐予他的。

一日，他将这只戴满鲜花的小白鹿领了出来。

"胜利！胜利！"他对围在一旁的西班牙人喊道，"我的军队已经战胜苏拉的军队了！"

"您是怎么知道的啊，将军？"

"我的朋友，这只小白鹿告诉我的。"

"这动物会说话？"

"是的。狄安娜女神已经赋予它这样的能力，让它告诉我那些秘密。"

淳朴的西班牙人相信了这个故事。事实上，这场战役的消息早就已经由一名信使带给他了；他先封锁这个消息，直到他领着小白鹿出来。然后，这名信使再出现在众人面前，就仿佛是刚刚到达似的，继而宣布胜利的消息！无疑，塞多留发现这头小鹿在使他看起来显得睿智方面很有用；但是他也欺骗了那些淳朴的西班牙人。

四名罗马将军前来与塞多留交战；但是塞多留足智多谋，用兵神速，将他们一一击败了。尽管这些罗马将军拥有 12000 名步兵，6000 名骑兵，2000 名弓箭手和投石手。当西班牙人被敌人步步紧逼时，他们便跑到山上，这样罗马的重装部队就跟不上来了。就如他的西班牙士兵一样，塞多留也能吃苦耐劳。他可以在寸草不生的地面上睡觉，甚至，如果有必要的话，他可以连续奔走几天几夜，中间无需片刻歇息；他的食物非常简单，而且他从不饮酒。他对西班牙人进行了罗马式训练，而且允许他们在自己的头盔和盾牌上使用黄金饰品。他在一座城中建立了一所很好的学校，西班牙军官的孩子可以在那里接受罗马老师的教导，读书识字，包括学习拉丁语和希腊语。那里的学生都穿着紫色镶边的外套。

摩尔人军人和一些西班牙军人不认同他关于命令和纪律的观点。他们想要用自己的那种野蛮的、本土化的方式去冲锋陷阵，每个人都为自己而战，挥拳的力量就是制胜的法宝，因此，战士的行动无需听从将军烦人的指挥命令。一天，这些散兵游勇被那些目光坚定、出手沉稳的罗马人打得大败而归；夜里，他们围坐在营火旁，愁容满面、灰心丧气。几天之后，塞多留给他们上了一课。他事先准备了两匹马，其中一匹老而羸弱；另一匹则高大健壮，尾巴粗长。然后，他将军队召集起来，并令一个身体矮小的人站在大马旁边，让一个身材高大的壮汉站在羸弱的马旁边。

"你们两个，"塞多留说道，"把站在你们旁边的那匹马尾巴上的毛全部拔下来。"

壮汉一把抓住老马的尾巴，用尽全力拉扯，但却丝毫没有效果，旁边围观的士兵们纷纷大笑起来。

这时，矮子却静静地在披捡那匹骏马的尾巴，一根一根地将尾巴上的毛拔下来，直到马尾巴变得光秃秃的！于是塞多留说道：

"我的朋友们，那些闷头猛冲战场的人，没有纪律也没策略，就像那个使劲拉扯马尾却一无所获的壮汉。而另一个人虽然使用了很少的蛮力，却运用了更多的智慧；他想出一个明智的策略，坚持不懈直至成功。"

西班牙人恍然大悟，此后便更加听命于塞多留了。他们看到，智谋通常比蛮力更宝贵。

比如，他带军攻打那些专门以劫掠村落和城镇为生的山地民族。这些强盗居住在山洞中，就像西班牙的吉普赛人一样。塞多留的士兵无法沿着陡峭的山道进行抓捕，因为，对方就像兔子，会往洞里藏。这位将军注意到该区域的土质松软，易碎成粉末。他还观察到，在特定的时节，此地就会吹起北风。因此他命令士兵将土块堆积起来，并在上面踩踏，还让好多马在上面来回奔踏，直至扬起了一大片的尘土，再经由北风吹到那些强盗们的洞穴中。山民困在尘土中，几乎不能呼吸，于是便不得不投降了。

一次，那头白色母鹿跑丢了（小白鹿已经长成一头成年母鹿了），这给塞多留带来了很大的麻烦。士兵们找到了它，并将它带给了这位将军。塞多留叮嘱他们先不要走漏风声，然后将这头母鹿藏了几天。

之后，塞多留召集西班牙人开会，以商讨本国事宜。他露出了意味深长的微笑。

"我有预感,"他对那些西班牙族长们说道,"今天,将会有巨大的幸运降临在我身上。我已经在梦中得知了这件事。"

正在此时,一名仆人将那头母鹿撒开了。它跑到了自己的主人跟前,用舌头舔着塞多留的右手。于是,那些西班牙人惊奇而又兴奋地大声欢呼起来!

这些计谋并不足以全面展现塞多留。他的做法同许多聪明人一样:利用未开化之人的愚昧而已。

但是,另一个故事则展现出了他天性中高尚的一面。塞多留的权柄如此之重,当地族长们对他又是如此尊敬,以至于他们决定推举他为西班牙的国王,准备在部落大会上授予他这项荣誉。就在这时,消息传来说塞多留的母亲去世了。塞多留的父亲已在多年前离世,是母亲将其含辛茹苦抚养成人。塞多留回到了自己的营帐中。整整七天,他都没有从营帐中走出来。军官们每日都来到他的帐门前乞求他见一下众人。但他只是伏在地上,以此来为母亲服丧,直至服丧周结束之后,他才走出来接见了众人。

如今,他有一众顾问来协助他管理事务,他称之为元老院;而且他名望显赫,连本都国王、伟大的米特拉达梯都向他伸出友谊的橄榄枝。

然而,最终他的罗马军官和元老们对他的高位和权势起了觊觎之心。在公元前72年的一个夜晚,他正在用晚膳的时候,被一个刺客杀死了。

至于那头白鹿之后怎么样了,我也不知道。

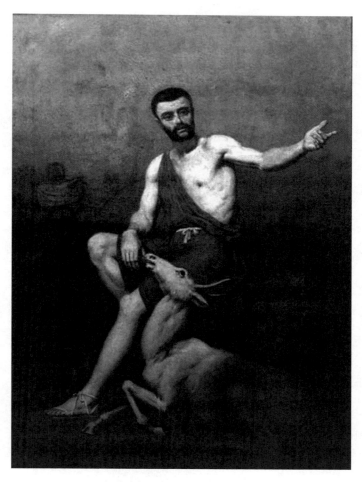

西班牙总督塞多留（前122—前72），
图为19世纪的一幅油画《塞多留与他的鹿》

海盗的克星：庞培

"我是罗马人！"

"罗马人，阁下？请你再说一遍，阁下。噢，仁慈的罗马人，原谅我们把你变成了阶下囚！"

海盗们哭喊着，双膝跪地，用手掌拍着大腿。一些人跑来给这个罗马人系鞋带；另一些人则为他拿来了长袍，也就是系在肩上的托加袍。

这不过是一番戏谑而已。那些野蛮的海盗同罗马乃至全世界均处在战争状态。他们对罗马人全然不惧。

一会儿，这名罗马人质被带到了船边的梯子上。

"乖乖给我过去吧，"那些海盗讥笑着说道。

罗马人挣扎着不愿意落入水中。那些海盗将他往前一推，他便落入海中淹死了。

这些海盗来自小亚细亚的西里西亚，在他们的领地内也有村落和市镇，山顶上还有他们的堡垒。大量不满罗马人统治的人加入了这个流窜在海上的战士团体，海盗船在整个地中海肆意横行。他们对海岸城市发起突然攻击，还俘获过一个地方的两名行政长官，官员随从也被掳带上了。他们劫掠过神圣的阿波罗及其他众神的神庙。海盗船有紫色的遮阳棚，船背镀金，船桨贴银，当海盗们饮酒跳舞时，还有乐队为其伴奏。从叙利亚到赫拉克勒斯之柱（直布罗陀海峡），这些海盗在大海中横行肆掠，造成了严重的破坏。于是，罗马元老院决定商讨一些方案，以终结这些海盗力量。他们决定派庞培去担当这件危险的任务。当市民听到是庞培领军的时候，大家都欢呼雀跃，他们相信这位将军的勇气和能力。

　　三个月之后，庞培已然扫除了这些海上的麻烦。他统率着500艘战船，并将整个地中海划分成13个区，每个区都指派一名海军中尉，带领一支舰队。然后，庞培率领舰队从西向东驱赶海盗，将海盗围堵在向东航行的途中，直至最后一艘海盗船投降。之后，庞培率领军队在西里西亚登陆，向海盗的最后一个据点发起了决战。在此战胜利之后，所有的村落、市镇和堡垒便都望风而降。庞培俘获了90艘船首镶着黄铜的战舰，还有20000名俘虏，但是，庞培并没有处死这些俘虏，而是大发慈悲，将他们作为殖民者安置在了小亚细亚和希腊的各个城邦之中。时为公元前67年。

　　庞培在亚洲发动了一场声势浩大的战争。他和英勇的罗马士兵们扛着共和国的鹰旗翻越群山，跨过河流、沼泽，穿越沙漠和丛林，一路同蛮族部落、亚美尼亚人、叙利亚人以及犹太人和阿拉伯人作战。他们先后攻克了1000座城堡和900多座城市。

　　或许有时候，庞培也会这样想："终有一天，我将成为整个罗马世界的统治者，从西方的西班牙直到东方长着棕榈树的阿拉伯半岛。"

还有两个罗马强人，巨富克拉苏以及尤利乌斯·恺撒，同样也是大权在握之人。虽然，在罗马城依然有元老院的元老们在公共场所坐而论道，但是他们已经不能对辽阔的土地和海洋领土进行有效控制了，而且，他们当中的许多人只关心自己和家人的富足而已。于是，此时出现了三位将军：恺撒、克拉苏和庞培，他们划分了各自的势力范围——恺撒统领高卢的军队；庞培执掌西班牙和阿非利加；克拉苏则去了东方，也正是在那里，他遇害了，这是我之前给你们讲过的。

庞培为公民们捐了一座大型剧场，并向他们提供各项盛大的演出服务。500 头狮子被放出牢笼，在市民们的呐喊声中，于角斗场或空地上相互撕斗；还有 18 头大象同一些全副武装的人的角斗。当庞培走过街道时，人们都欢呼他的名字。有一年，他当选为执政官。富人阶层——贵族阶层——都站在他这一边。他高傲地昂起头颅，梦想着有朝一日成为站在罗马最高处的人物。他的一些朋友则对他说道：

"要当心恺撒！他将会从高卢返回，成为罗马的霸主。"

庞培笑了笑。

"如果有这么一天，"他回答道，"我只需在意大利跺跺脚，就会有一支军队来为我效力。"

恺撒觉得罗马需要一个强人带领国家走向秩序，并对西班牙、阿非利加、亚洲、希腊以及其他偏远的省份进行合理的统治。他已经准备好接下这份重任了。他率领军队急行至罗马城。成千上万的庞培的士兵转而投向了恺撒一边。

元老们都奔向庞培。其中的一名元老高喊道：

"噢，庞培，你欺骗了我们！"

另一名元老则要求他在地上跺脚，正如他之前所自夸的那样，让一支军队马上现身。

庞培随即从意大利逃走了，他的军队同他一起乘坐500艘船渡海来到了希腊北部的丘陵地带。此时，庞培依然有7000名出身于富家贵族的骑兵，以及众多的步兵。

在加入庞培阵营的士兵中，有一个名为提地乌斯·赛提乌斯的跛脚老人，他一瘸一拐地来到庞培的营地。军中的很多士兵都嘲笑这名瘸腿的战士。他们认为这个人在战场上毫无用处。

但是庞培襟怀宽广，他起身跑着去接待了这名老人，给予赛提乌斯足够的礼遇。庞培认为，一个人为了朋友而投身战场，舍弃舒适的居家生活，是配得上这样的荣耀和尊重的。

公元前48年8月的一个早晨，在法萨利亚（Pharsalia）的平原上，恺撒的营帐上方升起了红色的布条——这是开战的信号。庞培的营帐中装饰着桃金娘的叶子；士兵的床上则铺洒着鲜花；酒杯也为即将到来的庆功宴而摆放好了。这些贵族骑士们确信他们将会战胜恺撒那些普通的剑客和弓箭手。不过，庞培士兵的这种傲慢情绪很快被打破了。

恺撒向自己的步兵们训诫道：

"握紧你们的标枪，直到庞培的骑兵靠近你们；然后将你们手中的标枪朝着他们劈头盖脸投掷，这些年轻的绅士是不愿意让兵刃划破自己那英俊的脸的。"

果然，庞培的骑兵禁不住标枪暴雨般的攻击，众人落荒而逃。日落之前，恺撒的军队便像巨浪一样席卷了那个曾被称为庞培大帝的人所统领的四散奔逃的军队。

庞培骑着马从战败的死亡之地仓皇逃离，走到很远的一个山谷，他欣慰地跪在一处小溪边上，喝水解渴。然后，他继续骑行——恺撒和死亡则紧追不舍。不过，蓝色的大海已经近在眼前了。这位战败的将军在海岸边的一个贫穷渔民的小木屋中睡了一晚上。天刚蒙蒙亮，他就乘着小船出海了，一艘友军的战舰将他接上船。

庞培的妻子科妮莉亚听闻了他的失败之后，久久地躺在地上，一句话也不说。他仅有的这艘船停靠在港口。最后，科妮莉亚起身去往海边。庞培连忙在沙滩上迎接她。她搂住庞培的脖子感叹道：

"啊，我亲爱的丈夫，我看见你仅剩下可怜的一艘战舰。当年你可是统帅 500 艘战舰的人啊。"

"科妮莉亚，"庞培回答道，"我们已经从伟大之处跌落到目前的窘境了，但是我们还能东山再起的。"

现在，一些战舰正在驶向此地援助他，而且，庞培的许多追随者也重新归队。他们决定渡海去埃及。经过一番安全的航行之后，庞培的小型舰队在埃及的海岸抛锚停泊，他便派出信使们去请求年轻的埃及国王给予庞培庇护。

其中一名国王的谋士说道：

"如果收留了庞培，那陛下也无疑将与恺撒为敌。如果，陛下将庞培打发走，难保有一天他会回来复仇。最好的计策是将他引到岸边，然后将其杀死。死人是不会报复的。"

一艘承载着四五人的小渔船接近了庞培的舰船。他们请求这位将军同他们一起离开，于是庞培答应了。

他们默默地划着船桨，科妮莉亚和她的朋友们站在舰船的甲板上望着他们。庞培则坐在船中阅读着自己刚刚写的书信。这时，他注意到这些水手中有一个人曾在战争中为其效力过。

"我想你曾经是我的战友。"

那个人点了点头作为回应。

渔船靠岸了。庞培将手放到他的奴隶腓力的肩上，正要跨出去时，突然，有人从背后捅了他一刀，致使他跌倒在地，其他人见状也都一拥而上。庞培用披风盖住头部，倒在沙滩上死去了。此时，他刚好59岁。

舰船上传来了一阵尖叫声。科妮莉亚亲眼目睹了这场谋杀。一阵风吹起，舰队扬帆起航。仅留下几位奴隶依然守卫着将军的尸体。

腓力开始准备一堆木头作为火葬主人的柴堆。多年前曾在庞培手下战斗过的一个罗马老兵恰好经过。

"让我来,"他说道,"帮助你完成对这位罗马最伟大的将军的最后致敬吧。"

第二天,沿着海岸边航行的人们看到了这处燃着火焰、冒着烟的柴堆。腓力,这位忠诚的仆人站在火堆的一旁。

庞培的头颅并没有被焚烧,而是被保存了起来,直到恺撒的到来。他一登陆,人们立马把庞培的头献给了恺撒,觉得这样会取悦于他。

但是,恰恰相反。恺撒惶恐地转过了脸。

另一个人则献给恺撒一枚庞培生前用来戳盖信函和文件的印章,印纽雕刻着一只雄狮,它的爪子还握着一把剑。

当恺撒接过印章时,泪水不禁夺眶而出。从这泪水之中,我们可以看出一位罗马人的高贵品格。

老加图的曾孙：小加图

一名罗马军官将一个男孩用手拖到窗边，威胁着要把他扔到下面的马路上。

"你愿意为我向你的叔叔说点话吗？"

"不，"男孩回答说，"我不会那样的。"

"如果你不答应我就松手让你掉下去了？"

"就是不答应。"

这名士兵将这个男孩安全地放回了室内，然后说道："这个小家伙是意大利的荣耀啊。"

该军官之前去拜访过这个男孩的叔叔，想要寻求他的帮助。很多生活在罗马城之外的帝国民众都期望成为帝国的公民，这样就可以拥有选举权了。这名军官就是他们的代言人。半是玩闹，半是认真，这名军官恳求加图（Cato）替那些想要成为公民的人向加图的叔叔求情。

你看到了，这个孩子拥有怎样的无畏精神。

当加图14岁的时候，他恰好去苏拉——那位红脸将军的住处。加图看到一些死人从里面运了出来，都是被苏拉下令杀死的，因为他们属于另一派。这激起了小加图的愤怒。他转身对自己的老师大声说道：

"你为何不给我一把剑，好让我能杀了他，让我的国家摆脱这个暴君。"

加图的声音是如此坚定,这引起了苏拉的一个朋友的警觉,于是他一直盯着这名少年,以防止他袭击红脸将军。

小加图,生活在公元前95—前46年间,他是老加图的曾孙,也就是说,他有着高贵的血统;而且,他拥有相当庞大的家产。但是,加图并不想浪费自己的钱财。他是一个严肃的人,对自己要求严格,属于斯多葛学派的一员。他很少大笑,亦很少微笑。富人们都穿紫色的衣服;而加图,则好像是为了显示自己对他们的虚荣心的轻蔑,故意穿黑衣。不管天气炎热还是寒冷,他都不戴任何头饰;而且,常常会光着脚走路。他的仆人们都骑着马,而他却像穷人那样步行。但他不是守财奴,对朋友相当慷慨。他会把钱借给朋友,而且不要任何利息。他还把自己手下的战士视为朋友。一次战争结束之后,加图正准备回家,那些在他的军团效力的士兵们纷纷将自己的衣服铺在路面上,供其行走,而且在他经过的时候,亲吻他的手,这是因为加图公正地对待士兵,赢得了众人的拥护和爱戴。无论何时,在他派给士兵们艰难的任务时,他都会亲自参与其中。

加图曾当选过财务官,或者说是财政官,也就是公共财产的掌管者中的一员;而他对待城邦的财产就像对待自家财产一样认真。任何人,只要他发现其欠了城市的钱,加图就会要求这个人将钱还上。

"但是,阁下,"这些人会说,"这笔钱早在二三十年前就已经到期了。你现在完全可以将这件事情忘掉。"

"不行，"加图回答道，"这些钱是属于罗马的财产，它们必须被还清。"

另一方面，如果他发现城邦欠了某人的钱，他会务必保证这笔钱支付到位，即使这笔账已经被遗忘了多年。而且，他对待自己的工作兢兢业业，他既是早上第一个来到财政部门的官员，也是晚上最后一名离开的。他全身心地投入到自己的工作之中。

加图言出必行，以至于罗马人愿意相信他说的任何事情。最后，在人们中间流传着这样的一个玩笑，比如一个人对其他人讲了一件十分离谱的事情，乡邻便会摇着头说：

"啊，肯定是胡说，我不相信有这种事情，即使是加图告诉我，我也不信。"

加图不赞成大手大脚地花钱，即便是花在给人们带来欢乐的音乐和剧院表演者身上。一些富人会赠给出色的乐师一顶金冠。但是，如果加图听到了一段优美的音乐，他就会将演奏者叫到自己身旁，然后赠给他一顶由橄榄枝编织的头冠。如果一个人在舞台上表演得很好，他不会送这名表演者宝石或者金银器皿，而是送他们一包甜菜根，或者生菜、萝卜抑或是欧芹和黄瓜。我猜，他很认可通过礼物来表达欣赏之情，但不能让这些礼物激起那些乐师和演员的贪婪或自负。或许他想向他们暗示，即便某人在艺术上造诣很高，他应该满足于人们给予的认可和尊重，而不是借此去敛财。不然，人们会觉得他技艺纯熟，不是因为他喜爱自己的工作，而是因为他热爱钱财。任何人都可以从路边的树上扯下枝条，编织一个橄榄枝的头冠；但是，在公众面前表演并赢得这个头冠，却可以让艺术家感到由衷的自豪，因为他们在意的将会是荣耀，而不是奖赏。

即使是荣耀，加图也不太在意。有一次，他参选罗马的执政官，但是，他在选举时落败了。许多没能成功从公民手中得到选票的人回到家中，往往闷闷不乐。但是加图则去了浴室，按照罗马人的方式，用油擦了擦身体，在舞会上尽情地玩了一场！

我们已经听过了恺撒和庞培之间的大战。在这场争斗中，加图站在了庞培和贵族的一方。当恺撒作为意大利主宰者的形势逐渐明朗的时候，加图感到由衷地痛心。他认为毁灭将降临这片土地，尽管后来证明他是错的。但是，他内心依然认为，恺撒对罗马和罗马人民将有害无益；而且，为了在众人面前表达自己的悲伤，他既不理发也不剃须，更不在宴会和节日上佩戴花环。在他的一生中，他都很少大笑；现在，他比之前更加忧郁了。或许你们认为他傻。但是，你必须牢记他并不是为自己而忧虑。他是为了自己的国家而内心烦忧。

庞培死于阿非利加的海岸，而且他的头颅被呈递给了恺撒。作为庞培的朋友，加图也死在了非洲。他召集了罗马士兵以及非洲的盟友，下定决心要与恺撒斗争，决不屈服。他最后据守的地方是乌提卡（Utica），一个临近迦太基的城镇。他在这个城镇中囤积了大量的谷物，修补了乌提卡残缺的城墙；加图还建立了用以瞭望和防卫的哨塔，环绕城镇挖掘壕沟，操练年轻人使用武器，进行士兵训练和演习。

与此同时，恺撒也逼近了这座城镇。一天午夜，一个骑兵冲入乌提卡，他胯下的马浑身冒着汗汽，带来消息说，阿非利加人——那个朱巴国王被打败了；恺撒很快就要兵临城下。

加图不愿逃走。他下令船只在港口待命，有序撤离，粮食则被运到了甲板上。加图站在海岸边，看着桨手们将船驶向大海，舰队渐渐远离，并消失在视线之中，而他自己则留在了乌提卡。

晚上，他全神贯注地阅读着一本书。这本书是睿智的希腊人柏拉图写的。他的剑常常悬挂在床边。不过，加图的儿子担心他自杀，悄悄将剑移走了。当加图发觉他的剑不见了，他便向一个奴隶询问缘由，很自然，奴隶的回答不能让加图感到满意，结果，他朝这个奴隶的面门就是一拳，由于用劲过大，把自己的手都打伤了。给你们讲这件事让我感到很抱歉，因为这说明，加图不缺勇气和忠诚，但缺乏对待仆人的仁慈。

最终，他找回了自己的剑。

整个夜晚，他时而阅读，时而小憩；当小鸟在拂晓开始鸣叫的时候,他从剑鞘中抽出了那把剑,刺入了自己的胸膛。

我之前曾给你们讲过另一个加图。死在乌提卡的这位被人们称作"小加图"。

恺撒和他的命运

"好吧,阁下,现在你已经是我们的阶下囚了!"

"事实的确如此,"这位年轻的罗马人说道,他是这些海盗刚刚俘虏到岛上的,"但是,如果我的朋友们愿意为我支付赎金,你们就会放我走,对吗?"

"当然!"

"你们想要多少?"

"20 塔兰同①。"

"就这么多吗?"尤利乌斯·恺撒大笑道,"我保证给你们 50 塔兰同。"

于是,恺撒便派各类朋友去往知晓恺撒大名的最近的城市中筹集赎金。

这些西西里的海盗十分凶残,我在庞培的生平中已经介绍过,而恺撒却在海盗窝里生活得泰然自若。他在这个小岛上待了 38 天,不过,恺撒面对这些海盗,自己俨然就是个主人,而不是俘虏。

"当我重获自由,"恺撒对这些海盗们说道,"我会

---

① 塔兰同,拉丁文 talentum,含义为"秤,天平",是古代中东和希腊罗马世界使用的质量单位,当用作货币单位时,1 塔兰同指与 1 塔兰同重的白银。

再回来,把你们全都钉在十字架上。"

这些海盗们则对他这坦率的言论微微一笑。

赎金来了。尤利乌斯离开之后,集合了一支舰队,向着海盗们的巢穴卷土而来,正如他之前曾扬言的那样,他将这些海盗全宰了。尽管他还很年轻,但你可以从中看出他有着钢铁般的意志。如果你觉得他很残忍,就必须记住这一点:在古代(现在很多时候也一样),残酷无情地消灭敌人,被认为是理所当然的事情。

在罗马,年轻的恺撒还因其能言善辩而闻名。那些受到控告需要辩护的人们都以能有恺撒为其辩解而感到荣幸。

他靠着自己的方法赢得了公民的心。人们欣赏庞培,但渐渐地,他们更加拥护恺撒。终于有一天,恺撒的成就超过了其他所有人,成为了整个罗马海陆世界的王者。

你们还记得那位吃干面包的马略将军吧。他虽然已经死去了,但是作为马略妻子的外甥的恺撒,不希望这位将军被人遗忘。马略站在平民的一方以对抗贵族。恺撒确信,现在罗马帝国的疆域已经太过于辽阔,那些贵族在统治方面已经有心无力了。他必须将大部分公民笼络到自己的一方,这样才能牢牢掌握大权,因为他相信自己可以给意大利以及罗马共和国的其他领土带来安定与和平。

一天早晨,一些人来到卡皮托神庙。

"瞧！"其中一个人喊道，"这里有了一些新的塑像。"

"这些塑像是谁呢？"

"噢，我认识这张面庞！这张面庞是勇敢的马略。塑像的下方还有字呢。上面写着，这些雕塑是马略击败北方辛布里人的场景。"

不久，人们蜂拥而至，来到山上观看这些金质的雕像。贵族们皱起了眉头；平民（或者说是普通人）则欢欣鼓舞起来。很快，人们便知道了，卡皮托神庙中马略的雕像是尤利乌斯·恺撒放进去的。

恺撒的职位步步高升，从地方长官，再到大祭司，直至出任穿着紫色镶边长袍的执政官。有一段时期，恺撒受命进军西班牙。在前往西班牙的途中，他翻越了阿尔卑斯山，军队驻扎在一个小镇里。

"你说，"他的一位朋友指着山坡上的房屋说道，"居住在这里的人是否也会像罗马人一样为最高的地位而奋斗？"

"为什么不呢？"恺撒回答道，"如果我居住在这个小镇，我就会这样做。我是宁为鸡头，不做凤尾的。"

恺撒在西班牙的战争打得意气风发，迫使那些蛮族部落全都屈服在罗马的雄鹰旗之下；他带领自己的军团，足迹远至大西洋。

恺撒从西班牙返回罗马后，当选为执政官。之后，他接管了高卢——这个地方现在是伟大的法国的所在地，比利时人则是他们的邻居；但是在当时，这里散居着300多个不同的部落。而隔海相望的北方，则是经常被大雾笼罩，并时常经受反向风吹拂的大地——不列颠人的土地。在高卢这片辽阔区域的平原上和森林里，罗马人像橡树一样坚忍不拔，像国王一样骄傲，像雄狮一样勇敢，他们同这些部落展开了许多艰辛的战斗。据说，恺撒在高卢攻克了800余城，同300万人进行了各式各样的战斗，其中有100万人遭到罗马军队杀害，另有100万人被活捉成了俘虏。当然，我们不能确信这些数字，但恺撒取得胜利是明摆着的事实。

这位将军有着纤瘦的身躯。他的身体并不怎么好；有时候，他会头痛，每次发作都让他痛苦难忍。但是，没有什么可以阻挡他达成目标。他始终心如磐石；而他的士兵也都崇拜他，就像许多年之后法国人崇拜拿破仑一样。

比如在不列颠的沼泽地区，罗马人遭遇了当地的原住民，恺撒的一支军队陷入不列颠人的包围之中。有一位罗马士兵身先士卒，在不列颠人之间左冲右突，终于将他们击退，并拯救了自己的同伴。之后，他跳入附近的河流，游了过去，趟过一片泥潭，来到了恺撒驻足观看的地方。然而，他丢失了自己的盾牌，并对此感到懊恼，于是扑倒在恺撒的脚下，说道：

"将军，我把自己的盾牌弄丢了，请您原谅。"

就像他做了什么可耻的事情一样！

还有一次，恺撒的一艘战船在阿非利加的海岸被敌人俘虏了。除了其中一名船员得到宽恕（或者施恩），其他船员均被杀害了。但是，幸存者是如此高傲，不愿从敌人那边获得生命。他义正辞严地说道："恺撒的士兵习惯了施恩于人，还没学会领受恩惠！"于是，伏剑而死。

恺撒不仅仅是严厉的指挥官。他也尽可能照顾自己的追随者的生活。有一天，恺撒同朋友们郊游。突然，风暴骤起，他们四处寻找庇护所，终于看到了一个穷人的小屋。于是，大家就跑了过去。但这里仅能再接纳一个陌生人。我猜小屋的主人当时应该也在场（尽管故事并没有说明）。

当时，恺撒的同伴欧比乌斯生病了。大家要把小屋里的床位让给恺撒，因为这些人中他地位最高；而外面是狂风暴雨，很明显他们也无法继续前行。但是，恺撒将床位让给了生病的同伴，而自己则和其余的人一起睡到外面的牲口棚中。恺撒在此表明了自己的信念，那就是强者有扶助弱者的义务。

打仗的时候，恺撒不会躲在安全地带而单让士兵冲锋陷阵。在高卢的一场战斗中，他突然遭到了赫尔维西亚（Helvetian）部落的突袭。罗马军队连忙排成密集的阵列，仓促应敌。一名侍从牵来了一匹马，但恺撒却拒绝骑它。

"把它牵走，"恺撒对侍从说道，"等敌人撤退时再牵来也不迟，这样我就可以追击他们了。"

132

说着，他便徒步冲向敌军；而他的士兵，感到自己的将军正同他们并肩作战，在这场近身搏杀中毫无惧色。

在比利时那茂密的森林里，同内尔维（Nervii）人的一场战役，恺撒赢得十分艰难。当时罗马人正在丛林中扎营，挖战壕，栓战马，突然60000名内尔维战士披头散发，嚎叫着冲杀过来。很多罗马人都被杀死了。恺撒从一个士兵手中夺过一个小圆盾，冲到前方去鼓励他的军队。甚至有一刻，几乎整个罗马军队就要溃散了。第十军团驻扎在山上，看到这种极度危机的状况，急忙下山支援，扭转了战局。

尽管莱茵河水流湍急，恺撒还是在上面修建了一座大型木桥。通过这座木桥，罗马人进军到了日耳曼人的土地。这片最蛮荒的区域吓不倒他们。

大海对面是英格兰岛。罗马人经常会谈论这片遥远的土地。

"我不信会有这样一个地方存在。"有人说道。

"噢，是啊，"有人则说，"我觉着那是一片辽阔的大陆，我们根本不可能征服它。"

尤利乌斯·恺撒并不会这样谈论它。他行动！

他率领一支庞大的舰队渡过了我们今天称之为英吉利海峡的水域。很快，这些携带着罗马鹰旗的士兵们便出现了，他们沿着肯特的白垩质峭壁，沿着古老的泰晤士河的河岸，走进了远处的丛林之中。

最终，到了返回意大利的时候了。罗马的市民陷入了骚乱和恐慌之中。庞培已不能维持民众对他的拥护。而罗马的上层阶级——贵族们——已经没有那种用以统治如此庞大帝国的胸怀和智慧。

"噢，那个恺撒就要回来了！"这些人嘀咕道。

恺撒率领他的精锐部队穿过高卢来到了意大利边境，然后在小卢比孔河停了下来。他应该踏入意大利的土地吗？他应该同他的旧友庞培——那个迎娶了自己女儿的人开战吗？他应该使罗马人血溅四地吗？他敢像一个掷骰子的赌徒一样，在这场可能输掉一切并毁灭自己的博弈中放手一搏吗？

他看了看河水，又看了看朋友，然后，纵马跃入河流之中，大喊道：

"事已至此，义无反顾！（The die is cast!）"

于是恺撒向罗马进军——他严厉、冷静而坚定，就像升起的潮汐一样，无人可以阻挡。

罗马的各个城门中，人们匆忙地进进出出，他们有的徒步，有的骑马，有的则乘轿。

"我们支持恺撒！"一些人大喊。

"我们支持庞培！"另一些人大叫。

"为了贵族！"一些人高声喊道。

"为了平民！"另一些人呼喊道。

这个城市已然分裂了。

一个罗马贵族走到庞培跟前，带着讥笑的口吻说道：

"阁下，跺跺您的脚啊！你不是说只要你跺跺脚，就有一支军队出现吗？"

庞培并没有跺脚，他撒腿逃到了海岸边，然后渡过大海，准备利用聚拢在他身边的军队与恺撒进行最后的决战。

而今，恺撒已经进入意大利了，之后他前往西班牙，镇压了所有那些支持庞培的人。

既然控制了西班牙，恺撒便再度返回意大利，并被罗马人选为执政官，接下来他准备去会一会庞培了。由于恺撒行军太快，以至于在他已经抵达意大利东海岸的时候，主力部队却落在了后面，而士兵则私下抱怨。

"这是冬天，这个人还风雪无阻地行军。这份苦差事什么时候是个头啊？难道他以为我们的身体是铁石打造的？我们的盾牌和胸甲都已经在喊休息了。"

但是，当士兵们抵达海边时，发现他们的将军已经航至对岸，他们不禁感到一阵阵羞愧，于是便焦急等待着舰队返回来接他们。

对恺撒而言，他自然希望可以将自己的军队尽快集结起来；因为庞培的军团在陆地上蜂拥而至，而且庞培的舰只正从亚得里亚海驶来。一天夜晚，恺撒离开营地，登上一艘12桨的战船，命令桨手尽全力快速划往海里去。他们十分努力地划着。恺撒则穿上一件破旧的长袍，坐在那里沉思着。当船划到河口时，河水变得十分湍急，而且阴暗的天空和快速涌动的云层显得十分可怖。领航员动摇了。他不知道恺撒也在甲板上，因为这个将军将自己紧紧地裹在长袍中。

"继续航行就太蠢了!"领航员呼喊道,"我们必须返航!"

这时,恺撒站了起来,他脱下自己的长袍,说道,"继续前进,我的朋友,不要畏惧。你载着恺撒和他的命运呢。"

桨手们于是便像巨人一样奋力对抗风暴。恺撒的面容和语气让他们顿觉力量倍增。不过,自然终究比人类更强大。这艘帆船不得不返航回到了营地。

军队终于从意大利被运了过来。

现在,庞培和恺撒两军对垒了。恺撒的士兵们斗志高昂,尽管他们食物匮乏,条件艰苦,但是却展示出了一种乐观精神。他们挖出可食用的草根,将其浸泡在牛奶中,制作出了一种面包——一种糟糕的食物,但总胜过什么东西都没有。一些士兵甚至匍匐至庞培的营地附近,将这种硬面包扔进战壕中,大声喊道:

"只要地上还能生根,我们就将和庞培抗争到底。"

我之前已经告诉过你们这场发生在公元前48年的法萨罗战役的结果了,庞培在这里被击败。

之后,恺撒的舰只载着他来到了尼罗河和斯芬克斯的所在地(埃及),而这片土地的统治者则是艳后克利奥帕特拉,她生活在公元前69—前30年间。

这位罗马强人的足迹接下来就踏入了叙利亚,恺撒的鹰旗出现在了约旦河的岸边。

消息传来说，罗马在小亚细亚的卫戍部队被亚美尼亚人击败了。恺撒于是立刻向北推进，翻过长着雪松的黎巴嫩山脉，越过托鲁斯山脉，直至抵达本都平原。一战便终结了战争。在赢得胜利之后，恺撒坐在自己的营帐之中，向罗马元老院写了一封信。信中只有三个拉丁文词语：

"来了——看了——胜了！"

意思就是：他既至本都；已遇敌军；也已经将其击败。恺撒的演讲简洁干练——也就是说，他讲话言简意赅。而你们无论何时传递信息的时候也要尽可能地像他这样做。看谁使用的词汇最少。当然，你也要注意不能太唐突了，不然人们会觉得你粗鲁无礼的。

下一个场景则是在阿非利加，靠近废墟之城迦太基的地方。一大批武装的努米底亚人——占领着这片现在叫做阿尔及利亚的地方的蛮族骑兵——对罗马人造成了威胁。供给马匹的食物太过稀缺，罗马人一度不得不将海草羼杂在草料中喂战马。

一日，恺撒的骑兵正在休息。视野中也看不到敌军。忽然传来了一阵长笛声。一个黑皮肤的非洲人和着笛声，边吹边跳舞。士兵们纷纷跑出营地，围坐在这个阿非利加舞者旁边，当舞者活蹦乱跳并滚动眼珠的时候，他们都大笑起来。

突然，战斗的呐喊声四起。努米底亚人从埋伏好的地方冲了出来。许多罗马骑兵被射杀。敌人甚至攻到了营地之内。但恺撒率军冲了过来，于是阿非利加人四散逃走。

不久，另一场遭遇战发生了。一名鹰旗手从努米底亚人那边逃跑了。恺撒碰见了他，便抓住他的颈项，让他向后转，然后对他冷冷地说道：

"这样才能看到敌人！"

一次意料之外的事情之后，恺撒取得了最终的胜利。恺撒率军走过山道，穿过黑暗的森林，无意中发现了努米底亚人的营地。努米底亚国王朱巴（Juba）匆忙逃走了，于是恺撒就成了北非之王。

现在时机已经成熟，恺撒可以返回罗马接受凯旋仪式了，全城人都在高喊"哟！哟！哟！"朱巴的儿子，这位年幼的王子随着盛大的游行队伍穿过街道，他在罗马生活了很长时间，后来成了一名深受市民欢迎的历史作家。

恺撒举行了盛大宴会来款待公民们，宾客们坐满了22000张桌子。角斗士们在角斗场中搏斗。舰船之间的战斗也让民众倍感愉悦，为了达到这个效果，这些船都漂浮在一个巨大的池塘中。

现在，人们都彼此谈论："庞培死了，克拉苏也不在了；除了恺撒，还有谁能有资格执掌伟大的共和国呢？让我们把所有权力都交到恺撒手中吧！"

恺撒第四次当选为执政官。之后，他成了一名独裁者，或者说是掌握大权的人——罗马城的君王，元老院的首席，军队的统帅，所有行省的总督。现在对他的那些敌人复仇，对他来说将会易如反掌。他们的土地，他们的钱财，他们的房子，以及他们的性命——他都可以轻易剥夺，而且没人敢忤逆他的意志。但恺撒是热爱罗马和共和国的，他希望自己可以抚平共和国的创伤。他想要所有的阶层——贵族和平民（普通人）——紧密联合在一起。罗马元老院看到恺撒对待自己的敌人如此宽宏大量，便命人修建了一座神庙以昭示人们对恺撒品格的崇敬。这座神庙用以供奉慈爱女神，拉丁文是 Clementia。

恺撒另一个高尚的行为就是重新竖立起庞培那倒下的塑像。这雕像之前被恺撒的追随者们推倒了，但是现在又被竖立起来，以供路人来瞻仰和致敬。

当著名的演说家西塞罗（Cicero）看到这一幕时，他说道："恺撒立起庞培雕像的同时，也为自己立下了丰碑。"

也有一些贵族对这位独裁者充满了憎恨。他们感到恺撒成了他们获得权力和财富的绊脚石。恺撒的朋友察觉到了这种恨意，便请求恺撒千万不要在不带侍卫的情况下外出。

"那不行，"恺撒回答道，"与其活在死亡的恐惧之中，还不如即刻死去呢。"

恺撒常会独自坐在房间中思考，并制定一些伟大的蓝图。关于罗马乃至整个世界，他有许多梦想。他自言自语道：

"我会率军击退东方的帕提亚人，打败北方的日耳曼人，让他们全都屈服在我的意志之下。"

"我要挖通科林斯地峡，船只就可以从这片海峡通过了。"

"我要把台伯河挖得更深，这样大型的商船就可以满载谷物、酒以及食油来到罗马城前了。"

"我要排干大沼泽中的污水，将死寂的沼泽变成肥沃的良田。"

"我要沿着意大利的西海岸修建一座防堤，然后修建多处港口，让成百上千只战舰抛锚停泊。"

如果他能活着，我相信，他会完成所有这些伟业。但是，他的生命却戛然而止。

不过，有一件他得以完成的事情，是我们至今仍要表以感谢的。

你常会听人们说一年有365天。然而很早以前，埃及人就发现一年有365.25天。而罗马人并没有将这额外的1/4天计算在内。恺撒将这些额外的1/4天改制为完整的一天，加到每隔四年的其中一年中去。因此，我们就有了一个每年有366天的闰年。由于尤利乌斯·恺撒纠正了这个历法，我们便将其命名为儒略历（Julian calendar）。而且，我们还可以注意到其中的一个月份——七月（July）——也是用来纪念他的。

有一天，罗马的街道上充满了欢声笑语。原来人们在庆祝一个名为卢柏克（Lupercal）的节日。恺撒则坐在广场上的一把金质椅子上，望着这些热闹的人群。

这时，他的朋友安东尼（Antony）走到恺撒跟前，然后当着众人的面，给他献上了一个装饰着月桂叶的王冠。

"噢，陛下，戴上这只桂冠吧！"安东尼说道。

恺撒摇了摇头，罗马人民则欢呼了起来。他们对恺撒拒绝王冠感到欣慰。

安东尼再一次呈上了王冠。恺撒也再一次拒绝了。罗马人民又一次欢呼雀跃。恺撒三次将王冠拒绝。这件事情使我们想起，很多世纪之后，高尚的克伦威尔是如何拒绝英格兰的王位的。

不过，恺撒的一些愚蠢的朋友们却将王冠戴到了他的雕像上了。恼羞成怒的贵族们将这些王冠摘掉了。恺撒的敌人们相互嘀咕说，推翻暴政的时候到了。恺撒必须被铲除。

其中两个小声嘀咕的人是布鲁图斯（Brutus）和卡西乌斯（Cassius）。他们常常讨论摆脱这独裁者的最佳方式。这些黑暗的想法使他们看起来苍白而又憔悴。恺撒注意到了这一点，正如我们在莎士比亚的戏剧中读到的那样，他对自己的朋友安东尼说道：

> 我想要我左右的人身材显得胖胖的；
> 头发梳得光光的，夜里睡得香香的；

> 那个卡西乌斯看起来瘦削而又憔悴；
> 肯定是心思太重；这种人十分危险啊。

正如人们说的那样，恺撒的朋友们也嗅到了空气中的危险气氛。事实上，后来据说有人看到火人在天空中打斗，还有奇怪的光在夜空中划过。你知道，罗马人是怎样看待这种迹象或征兆的，他们认为这些东西预示将要发生好事或坏事。一个擅长解读征兆的人决定去警示恺撒。一天，这位预言家对恺撒说道：

"三月份的爱德日（Ides）要格外当心。"

这里我必须解释一下，一年之中的每个月份都有一些日子被称为爱德日；而三月份的爱德日的时间则是从三月八日持续到三月十五日——足足一星期。

现在已经到了公元前44年的三月中旬了。恺撒和他的朋友们用过晚餐，然后就在那里批阅他的秘书官给他呈上的那些文件。宾客们则在高声谈论着什么。

"你们在争论什么事情呢？"恺撒问道。

"最佳的死法。您觉得什么样的死亡方式才是最好的呢？"

"突如其来的吧。"

在第二天，恺撒的死突如其来。

早晨，恺撒——这个被莎士比亚称作"整个世界最重要的人物"——去元老院参加会议。这时，一大群人出现在街道中。

"恺撒来了!"许多声音轻声说道。

恺撒看到了预言者,于是对他说道:

"三月的爱德日到了!"

"是的,但还没有过去!"预言家回答道。

他将一张折起来的羊皮纸塞到了恺撒手中。

"一定要看,阁下;这十分重要!"预言家悄悄说道。

"恺撒万岁!"人们喊道。

"给执政官让路!"官员们大声说道。

在周围的聒噪声中,他走动的时候根本无暇去看那封手里的信函;信中警告他说有贵族想要刺杀他。

他走进元老院大厅,元老们都起身向他问候。一尊庞培的塑像注视着下方的场景。恺撒就座之后,布鲁图斯、卡西乌斯以及其他元老院成员聚集到他周围。一个人向其鞠躬道:

"阁下,我恳求您准许我那被流放的兄弟重返罗马。"

"这个不行。他们是罗马的敌人。"

"噢,我求您了,阁下!"

"不行,此事断不可行——"

一声大喊——一阵扭打——一个趔趄——恺撒的长袍被从肩膀上扯了下来!短剑和匕首一齐冲他而来。卡西乌斯刺向了他,布鲁图斯也刺向了他。

当他的朋友布鲁图斯刺中他之后,恺撒呻吟了一下,便倒在庞培塑像的底座边。

布鲁图斯和其他阴谋者挥舞着手中的剑齐步走向卡皮托山,不断地大声喊着:

"自由!为了罗马的自由!"

"自由!"一些行人也回应道。不过也有许多人悲伤地保持着缄默。

恺撒希望自己可以终结那些夸耀自己高贵出身之人的权力,这些人总想着从罗马征服的辽阔的帝国疆域中谋得一些私利。他希望罗马城依然是帝国首都;但他想让西班牙、高卢、希腊和其他被征服地区的居民也分享罗马的荣耀——成为帝国的公民而非被打败的敌人。

谋杀发生的当日,恺撒的尸体被运着经过罗马的街道和广场。

人们听到了恺撒的遗嘱。在这个遗嘱中,恺撒把他的大部分财富都捐献给公民。无论是活着还是死后,他始终在考虑别人,却从未考虑自己的享乐。

在莎士比亚的戏剧中,这个遗嘱由安东尼向众人宣读,他还让众人看了恺撒身上的伤口:

> 我既没有智慧,又没有文采,也没有能力,
> 也不会用行动,不会用言辞,不会用演讲的力量,
> 来激起大家的血性;我只是说我自己的心里话而已;

> 我要告诉你们的，你们也都知道；
>
> 来吧！都来看看恺撒甜美的伤口吧，可怜的、可怜的无言之口，
>
> 就让它们替我诉说吧。

于是市民们冲到那些阴谋者的家中，烧了他们的房子，并杀死了那些对恺撒施以毒手的人。

146　　这场谋杀之后，彗星在天空持续出现了七日。人们凝视着这颗彗星说道，这是天神们对布鲁图斯和卡西乌斯的罪恶行径的愤怒。

一两年之后，当布鲁图斯准备同安东尼和奥古斯都进行最后一战，他躺在自己的营帐里，帐中灯火昏暗，仿佛笼罩了一层烟雾。这时，床边出现了一个奇怪的、高大而又可怕的身影，并且说道："布鲁图斯，我是你的邪灵；我们在腓利比再会。"

"我在那里等你，"布鲁图斯毫不畏惧地回答道。

于是这个幽灵便在夜色中消失了。

当然，这个故事仅仅是个传说。但是，你可以从中看出，当时的人认为杀死恺撒是邪恶的行径；而且他们觉得布鲁图斯在腓利比应当被击败，这是对他的一种正义的惩罚。布鲁图斯看到大势已去，就伏剑自杀了。

《刺杀尤利乌斯·恺撒》
(英国画家威廉·霍姆斯·沙利文,1888)

罗马的哲学家：西塞罗

"你应该换个名字。"

"我的名字挺好的啊！"

"确实还好，但是太古怪了。有谁会愿意被叫'巢菜'呢？巢菜是牲畜的食物。"

"好吧，"这个名为巢菜的人回答道，"那我将使我的名字在罗马历史上熠熠生辉，尽管它听起来很普通。"

在拉丁文中，与"巢菜"对应的词是西塞罗（Cicero）。正是这位罗马人西塞罗（前106—前43）注定赋予了这个奇怪的名字极大的荣耀。

西塞罗年轻的时候曾经在红脸将军苏拉的军队中服过役。他不太适合打仗，因为他身材纤弱，肠胃脆弱。西塞罗曾就读于语法学校，学习了说话清晰的演说艺术，以此来赢得听众们的注意。这种美妙的技艺被称为雄辩术。它是演员和演说家的技艺。

西塞罗的言辞令罗马人着迷。他当选了一个又一个职位，直到出任执政官。当时，有一个名为喀提林（Catiline）的贵族，他的脾气暴躁而又鲁莽，召集了20000人，打算摧毁元老院，然后在罗马建立一个新政府。

罗马人在12月份有一个欢乐的节日，就像我们的圣诞节一样。喀提林的朋友策划了一场阴谋，就是要在举办节日的时候，在罗马城放火。他的 100 个同伙商定每个人都在罗马城的特定地点守着，将火炬往木质建筑上扔，这样就可以立刻燃起 100 处大火。当街道上红色的火焰舞动之时，人们会害怕地东奔西跑，这时，喀提林的这些朋友就拎起兵器，大声宣布说，罗马已经有了新的政权，新的统治者将会接管从西班牙到小亚细亚的辽阔帝国。

执政官西塞罗察觉了他们可怕的阴谋。他的卧底将秘密会议中的一切都告诉了他。五名主谋被抓，还在一间屋子里发现了大批的标枪、剑以及匕首。

该如何处置这五名阴谋者呢？元老们开会进行了商讨。几乎所有人都判决这些阴谋者应处以死刑。年轻的尤利乌斯·恺撒则站起来说道：

"不能这么做，让我们仁慈一些吧。将这些人赶出罗马。保持他们的罪人身份，但饶他们的性命。"

因为，在恺撒的心中，他觉得罗马确实需要一位新的统治者，尽管他并不认为喀提林是那个合适人选。那些富有的贵族家族已经不再有能力掌控整个罗马世界了。

但是西塞罗并不认同恺撒的看法。他将这五名叛乱者带出来，穿过圣路（Holy Road）和罗马广场上的人群，而后将其投入了阴暗的监狱；他们全都被刽子手处决了。傍晚时分，在西塞罗和扈从一起回家的路上，市民们在他身边高喊：

"图利！图利！罗马的救星！罗马的再造者！"

你必须要知道，他的全名是马库斯·图利乌斯·西塞罗，而他通常被人称为图利。

当夜色渐深，所有街道的门廊前挂起了灯笼和火炬。许多妇人来到屋顶挥舞着灯烛。就这样，罗马城被人民的灯光——而不是喀提林的大火——照得光彩万丈。

罗马公民和意大利人的情感就像大海中涨落的潮汐，时而滚向这边，时而滚向那边——起初拥护西塞罗，而后又反对他；先是支持庞培，而后又拥护恺撒。这是一个变革的时代——一个充满战争和战争的喧嚣的时代。西塞罗被放逐一年有余，他的房子也被焚为平地。他虽然居住在希腊，却一直怀着忧伤和爱意遥望着罗马。当西塞罗返回罗马时，人们怀着巨大的喜悦来欢迎他；而且，作为一种荣誉，他被任命为小亚细亚的山地之国西里西亚的总督。上任之后，西塞罗工作非常出色。他兵不血刃，使用明智的手段同罗马的敌人达成了和平。他对西里西亚的人民行事公正。跟其他总督不同，他不想在这些人身上征税以肥私囊。他举行宴会的花费全都是自己掏腰包。他不搞任何虚荣的排场。没有浮夸的侍从立在门前，警告那些想见他的市民走开；而且，他早晨按时起床，愿意与任何前来造访的人交谈。他没有羞辱过西里西亚人，从未让扈从用笞棒抽打过他们，也没有撕扯他们的衣服以示愤怒。当西塞罗离开这里返回意大利时，西里西亚的人民对他依依不舍。

你知道恺撒和庞培之间的战斗，这是两只雄狮之间的搏斗。但西塞罗并不是狮子。他几乎不知道该支持哪一方。

"我应该加入庞培的阵营吗？"他自问道，"他人更好。但恺撒是更聪明的政治家，也许他将取得胜利。"

最后，西塞罗选择了庞培一方；而庞培被打败，并在埃及的海岸被杀，西塞罗返回了意大利。恺撒骑上马去迎接他，一看到他，恺撒就翻身下马，跑过去拥抱了他，像朋友一样和他交谈。

但是，恺撒被刺死在庞培雕像的脚下；那么现在西塞罗的境遇如何呢？

执掌罗马的有三个人——奥古斯都、安东尼以及勒庇多斯（Lepidus）。每个人面临着强大的敌人，他们都认为，只有除掉敌人，才能安定局面。三个人都列出了一个他们想要除掉的 200 人名单。其中一个名单上就有西塞罗的名字。

这个可怕的消息传到了西塞罗耳朵里，末日将至，他成了"危险分子"。于是，西塞罗命令自己的奴隶用旅行椅，或者肩舆，将他抬往海边。他急忙上船，此时正吹着顺风。很快，西塞罗改变主意了，命令船只靠岸。然后，他和他的一伙侍从朝着罗马走了大约 12 或 13 英里，他似乎想见见奥古斯都，并希望得到他的同情。旋即，西塞罗再次改变主意，回到船上，命令水手向某个海岸点全速航行，他在那里有一栋华美的别墅。

一群乌鸦绕着舰船一圈又一圈地飞着,不断阴郁地哇哇叫着。当西塞罗到达别墅,躺在卧榻上想休息的时候,这些乌鸦依然在房外盘旋着叫着。

"这是一个不好的征兆,"奴隶们窃窃私语道。"对我们主人来说,这预示着不祥。"

于是,他们来到西塞罗的卧榻旁边。

"我们担心这些鸟是可怕的预兆,"他们说道,"我们请求您离开这个不祥之地。"

他们将西塞罗抬上肩舆,然后又把他带到了海边。一队士兵已经到了,守在那里想要取他的性命。士兵们来到房子里,听说西塞罗已经穿过一片茂密的林中空地逃走了,于是奔向另一个方向,准备在森林小道的尽头守株待兔。

过了一段时间,他们看到了那个正在林荫中行进的肩舆。西塞罗看到了这些埋伏的人。他知道自己的死期已至。于是,默默把头伸出肩舆。一个百夫长,或者说是小分队的指挥,挥剑砍下了西塞罗的头颅。

西塞罗写过几本名著。其一为《论友谊》;其二为《论老年》;其三为《论义务》。

西塞罗是一位罗马人,但是他的思想却传播到了整个世界,他曾经这样说过:所有人都是同一个地球的公民。因此,在他的著作当中,他把人称为"世界公民"。

恺撒的朋友和敌人：布鲁图斯[①]

你应该记得那些刺杀恺撒的身居高位的罗马人，比如布鲁图斯、卡西乌斯等人。有人认为布鲁图斯参与刺杀恺撒是正确的，也有人认为他的行为是罪恶的。

布鲁图斯曾是庞培大帝的朋友。当庞培排列好阵营，准备与恺撒展开决战的时候，布鲁图斯伸出了援手。庞培非常高兴。还没等布鲁图斯向他鞠躬，他就从护卫中起身，满怀善意地拥抱这位到访者。布鲁图斯平静地等待着这场力量的较量。在法萨罗的战斗打响之前的一日，营房中的其他人都在谈论这场即将到来的拼杀，而布鲁图斯却静静地坐着，读书、写字。

庞培战败了。恺撒的士兵正在向着庞培营垒周围的土墙攀爬。布鲁图斯从冲锋队相反方向的一个入口逃走了。附近就是沼泽，他的脚滑行在泥淖之中，在芦苇荡里分出一条路来，就此逃脱。不久后，他给恺撒写了一封信，一度成为恺撒的好友。

但好景不长，因为布鲁图斯痛恨一人凌驾于罗马之上，无论此人如何睿智。我想布鲁图斯大概也说不清

---

① 布鲁图斯的母亲为小加图的同文异母姐姐，丧失后亦为恺撒的情妇。

楚,除此之外,可有更好的方法来统治如此庞大的帝国?很多罗马贵族都有类似的想法。他们怂恿布鲁图斯去对抗恺撒。他在元老院的座位上看到了别人放下的信笺,上面写着:

"布鲁图斯,你这个昏睡者!你不是那位真实的布鲁图斯。"

你知道的,在刺向伟大将军的利刃中,有一把是布鲁图斯的匕首。

他也不想向恺撒的养子,即年轻的屋大维臣服,于是在希腊北部的山村地区集结了一支军队,准备与屋大维一较高下。在进攻一个城镇的行军途中,布鲁图斯进展急切,将部队的主力落在身后很长一段距离,他们在道路上的积雪中缓慢前行。山区的凛冽寒气让人们产生一种饥饿的奇怪感觉。手头没有食物;行李都落在军队的后方。他的随从急匆匆跑到城门前,向布鲁图斯的敌军请求食物。城中之人很有气度,就发给这个信使一些食物供布鲁图斯享用。城很快就被攻陷,但布鲁图斯没有忘记自己受到的礼遇,对城中居民宽厚相待。

在亚洲的桑索斯城呈现的状况却大为不同。布鲁图斯带领军队越过海洋,试图将人们联合起来对抗屋大维。他在途中登陆了罗德岛,一群岛民喊道:

"国王万岁!主子万岁!"

"不对",布鲁图斯回答,"我既不是国王,也不是主子。我是恺撒的毁灭者,因为他既想当主子,又想做国王!"

接着,布鲁图斯又到了桑索斯,但这个地方的人并不想与他联合,也不愿意扛着他的鹰旗与屋大维作战。一个村子接着一个村子,布鲁图斯驱赶那里的农民,他们蜂拥到桑索斯城,这座城市落入了罗马军队武力与死亡的恐怖包围之中。有些桑索斯人从流过城墙的河流中潜水而出。还有一群人夜间从城门突袭出来,将罗马人用来破坏城市防护壁垒的攻城器械给点燃了。他们被罗马人击退了,但攻城器械上的火苗引燃了城墙上的木质房屋。一道倾入城中的火光给他们带来了灭顶之灾,在火光的照耀下,可以看到男女老少在大街上奔跑,被残忍的罗马士兵追赶着四处逃命。但人们的心灵在勇敢地抗争,不愿意向布鲁图斯屈服。布鲁图斯和那些高傲的贵族一心想着罗马高于一切,将帝国的其他人都变为奴隶,在他们的统治之下,桑索斯人毫无希望可言。于是,他们亲手点燃自家的房屋,高喊着不屈的口号,纵身跳入火海,为自由而牺牲!在一间房屋里,布鲁图斯看到了一个妇女的尸首,她的一只胳膊紧紧抱着孩子;她点燃了自家的茅屋,在攻城者到来之前自缢身亡。

……敌人的枷锁
无法囚住她高傲的灵魂。

布鲁图斯和他的战友卡西乌斯征服了东方的土地,即希腊和小亚细亚,还有周围的岛屿,他们准备最后一次大战。屋大维已经来到了马其顿,两支军队在腓利比对峙。屋大维大军的人数更多;但布鲁图斯的军团显得更壮观,因为他们饰有金银的盔甲闪闪发亮。

前后打了两次战斗。在第一次战斗中,布鲁图斯的骑兵一鼓作气冲入屋大维的阵营,洗劫了一番。但屋大维的右翼直捣卡西乌斯的阵营,大获全胜;卡西乌斯败退下来,绝望中要求一个随从将自己斩首。这个随从就照办了,布鲁图斯很快就得到了战友卡西乌斯牺牲的消息。

第二天,战斗重新开始。为屋大维战斗的那些罗马士兵又冻又饿,他们的帐篷被雨水浸透了,由于营地的地势较低,到处都十分潮湿。从意大利来的运送补给的舰队,也在同布鲁图斯的战斗中被击沉。

然而,最终导致屋大维取胜的是坚定的勇气。他的士兵不相信布鲁图斯会把罗马帝国管理好,认为布鲁图斯的统治不是为罗马全体人民谋福利,而是为少数富有的家族着想。布鲁图斯的一些朋友甚至明目张胆地投向了屋大维一方。

胜负很快就见了分晓。步兵的肉搏、骑兵的冲击,还有战阵的喧嚣过后,很清楚,布鲁图斯已无胜算。

我们先来听听勇敢的卢西流斯的故事。他是布鲁图斯忠实的朋友,当他看到败局已定,而布鲁图斯正在撤离战场,身后只有一小队骑兵跟随,就决定豁出性命保护朋友。于是他骑马向敌军直冲,并被活捉。由于他的衣着是高级将领的风格，士兵就问他。

"你是谁？"

"我是布鲁图斯将军。"

"那你必须去见屋大维·恺撒。"

"带我去见安东尼吧，他对我会比屋大维更宽容一些。"

于是他被带到了安东尼那里。骗局很快就被识破了。士兵们带来的人不对，而此时布鲁图斯已经顺利逃脱。然而，卢西流斯并没有受到处罚。他不但没有被处死，还受到了胜利方的礼遇。

布鲁图斯正在干什么呢？

他带着一小队军官，一路骑马奔逃，直到夜幕降临，星光闪烁。他们在一道峡谷中停了下来，那里悬崖高耸，悬崖之下还有一条潺潺流动的小河。崖壁上有一个洞穴，布鲁图斯与同伴暂时躲避其中。他们在痛苦地思索自己付诸流水的事业，不知道未来的罗马和那些曾经反对过屋大维·恺撒的贵族的命运会如何。

有人把头盔放入河水之中，打水给布鲁图斯喝，他一饮而尽。时不时从河对岸的树林中传来喧闹声，敌人正在搜捕这位战败的将军。

布鲁图斯认为自己大限已至。他低声对一个朋友说了些话。这个人摇了摇头，泪水夺眶而出。第二个人也是这样，其他的人也都拒绝他的请求。

他请求他们杀死自己。

最后,他们中的一位,一个希腊人,抽出剑,布鲁图斯俯身上前,自戕身亡,时为公元前42年。

后来,两位伟大的诗人在诗篇中提到了布鲁图斯,但丁谴责了他,莎士比亚赞美了他。

莎士比亚在其历史剧《尤里乌斯·恺撒》中再现了布鲁图斯死于岩洞的场景,并且屋大维、安东尼和他们的士兵都在场;安东尼说:

> 这是最高贵的罗马人;
> 所有的合谋者都是
> 出于对伟大的恺撒的嫉妒;
> 唯有他,有着诚实而又宽广的胸怀
> 是为了公共的利益,而奋起抗争。
> 他的生命是高尚的,他的性情
> 是如此的丰富,以至于苍天也会站出来
> 向全世界宣告:"人生当如此。"

大力神：安东尼

那位高大强壮、额头广阔、髭须飘然、目光柔和的将军是安东尼，他生活在公元前83—前30年之间。当士兵们在营房简朴的木桌前就餐的时候，将军会加入一起吃饭，谈笑自若，俨然就是一名普通的士兵。因为他性情友善、待人随和，大家都很喜欢他。他们也欣赏他俊朗的外表，说他长得很像大英雄——宙斯之子赫克里斯。

安东尼对自己的竞争者很宽容。有一次，在埃及的一场战斗中，曾经与安东尼共事的朋友在敌方阵地被杀。安东尼听到老朋友的死讯，立刻派出士兵去寻找尸首。找到之后，又为亡友举行了隆重的葬礼。

安东尼对朋友有时过于慷慨，他厌恶被人看成吝啬鬼。有一次，他吩咐管家分拨一些钱给自己喜欢的朋友。管家就把银币堆在了地上，希望安东尼会改变主意，少给一些。安东尼看出了管家的心思，就庄重而又平静地说道：

"太少了！加一倍，给我的朋友。"

在战场上，他随时准备在马背上冲击敌军，准备攀爬城墙，也不怕忍饥挨饿。和平时期，他的生活极尽奢华。一排又一排的奴仆，手捧金银器皿，就像是一支小军队。在小河边,在树林的绿荫之中,他们搭起帐篷,支起桌子,那里就像一座宫殿。驯服的狮子被套在战车前,成群的人们会驻足观看。他喜欢看优伶的滑稽表演。晚宴时,他会开怀畅饮,酩酊大醉,第二天睡到日上三竿之时。安东尼体格健壮,看起来就像大力神赫里斯,他的身体很有大丈夫气概,但他的心灵并非如此;他没有能力超越奢华和自私的享乐。

你应该听过恺撒之死的故事。恺撒死后,他的养子屋大维(即后来的皇帝奥古斯都)为取得统治权而斗争。安东尼战败逃走。在去高卢的路上要经过阿尔卑斯山。士兵们太饿了,能吃上树皮都感到兴奋。将军本人也吃这些粗糙的食物,树皮、草根,或是生硬的肉,喝不干净的水,但他毫无怨言。很多人到高卢投奔他。他现在觉得自己跟屋大维和勒庇多斯一样强大。这个勒庇多斯曾经是恺撒最勇猛的战将。

最后,三个对头在风光优美的莱茵河中的一个小洲上碰面,他们在一起交谈、争论,并谋划如何分割罗马。古老的罗马共和国走到了尽头。此后的几百年中,执掌大权的不再是执政官,而是皇帝。

但安东尼对于牢牢掌控自己的那片地盘并不上心。他像个孩子追逐蝴蝶一样,不停地寻欢作乐。归他掌管的国土是小亚细亚。他进入以弗所城的时候,就像随身带了一个马戏团一般。女人装扮成酒神巴库斯(Bacchus)的祭司,男人穿得就像森林中的野兽萨提尔,队列整齐，载歌载舞。城市街道上挤满了喧闹的狂欢者，他们头上戴着象牙冠，手执饰以常青藤花环的长矛，竖琴、笛子和口琴等乐器在奏着欢快的乐曲。安东尼在人群中盛装骑行，人群中发出欢呼之声：

"巴库斯！巴库斯！仁慈而且自由！哦！哦！巴库斯！"

但是，他所有的这些蠢行都要由勤劳的亚细亚人买单，很多村民和工匠都被迫缴纳重税给安东尼的官吏。

在往东行进的过程中，他在西里西亚的群山中稍事逗留。他想要见见那位闻名已久却未能谋面的女士，即埃及女王克里奥帕托拉（Cleopatra）。为了展现自己的光彩，克里奥帕托拉安排乘船去安东尼的军营。她的帆船非常华丽：桅杆上包裹着金子，船帆被染成了紫色，船桨则是银做的。划桨时还有乐队演奏，桨声与乐声若合符节。在金幔遮阳伞之下，端坐着这位埃及女王，宛若一位希腊女神，伺候她的侍女就像是海上可爱的仙女，英俊的少年用长柄扇为她扇风。船上香烟缭绕，气味芬芳。成群的人赶到河边，以期目睹这般景象。

安东尼对她一见钟情，乃至于忘掉了自己的糟糠之妻，忘掉了自己军人的身份，也忘掉了罗马。他在尼罗河口的亚历山大里亚城逗留的时候，搞了很多放荡怪异的噱头和玩法。他和克里奥帕托拉有时候在夜间上街游逛，穿着奴隶的衣服，像酒馆中出来的醉鬼一样乱窜。

有一天，安东尼在池塘边钓鱼，闲散的侍臣和侍女躺卧在近旁的树荫之下，众人无不欢愉。安东尼的钓竿没有一条鱼上钩，对此，女王露出了微笑。于是，安东尼命令奴仆偷偷潜入水中，在他的鱼钩上钩放一条死鱼，这样别人就以为安东尼总算有所斩获。这个伎俩被反复使用，廷臣则鼓掌欢呼。但克里奥帕托拉看穿了骗局，命令自己的随从潜入水中，把一条风干的咸鱼钩在这位罗马统治者的钓竿上。当安东尼拉上来这条咸鱼时，众人哄堂大笑。安东尼自己也禁不住大笑起来。

但下一幅场景，却截然不同。

在此，安东尼恢复了将军风度，率领罗马军队远征帕提亚帝国。此前，罗马人与东方民族进行过多次的殊死搏斗，他们深知帕提亚人标枪的厉害。安东尼曾多次身陷险境。安东尼的战士极为英勇，他们行军千里，进入到野蛮人的领地。后来不得不在山路中撤退，因为那里完全没有饮用水。他们打了18次战役，击退了敌人。安东尼则损失了20000名步兵和4000名骑兵。缺水和疾病夺走了很多忠诚的战士的生命。有一条河将帕提亚与亚美尼亚分割开来，当军队越过这条河时，他们喜不自胜，俯身亲吻了土地。但是，麻烦并没有结束，在翻越山峰去地中海的途中，安东尼遇上了风雪交加的天气，在极度的寒冷中，又失去了几千名士兵。说实话，安东尼指挥这场战争，并没有足够的审慎和耐心。他带领士兵马不停蹄地快速转移，只是为了早点回到那位埃及女王的身边。结果，他并没有履行一位将军的职责。

他把发妻屋大维娅晾在一边，不屑一顾。这位女士是屋大维的姐姐，而屋大维将此事当做发动战争的借口。在以弗所的港口，安东尼的军队一共有890艘船，其中有200艘是女王派来的。这支庞大的舰队航行到了萨默斯岛，并稍事停留。帝国所有的王公和官吏均征收重税，钱都是从村镇上的居民那里掠夺来的。很多人心中感到忧伤，因为战争夺走了他们的家庭积蓄。然而，在萨默斯，娱乐还在欢快地进行着。乐师和伶人在安东尼和克里奥帕托拉的宫廷中表演，宴席上的欢笑声此起彼伏。

屋大维带领军队跨海来到意大利西海岸的对面，即伊庇鲁斯海岸，海军在这里迎击安东尼。战斗打响的地方叫亚克兴。当屋大维走下战船的时候，他遇上了一个赶毛驴的人。

"你的名字叫什么？"他问道。

"好运。"

"那你的驴子叫什么？"

"胜利。"

听到这些回答，屋大维很高兴，因为这是一个好兆头。他的确取得了胜利，后来他在这个地方为驴子和赶驴人竖起了铜像。安东尼的战船很庞大，上面还有巨大的木质塔楼，可以从那里发射弓矢。安东尼的每一艘大船四周，都围着好几艘屋大维的舰船，短兵相接，战斗打得非常激烈。

在混战之中，忽然有60艘战船驶离了安东尼的舰队。它们是克里奥帕托拉的战船，因为女王从战阵上逃脱了。安东尼再一次忘掉了自己的职责。他登上一艘五排桨座的大船，命令船员追随女王而去。就这样，他丢下自己的官兵孤军奋战，置其生死于不顾。女王在船上打起了信号，安东尼直奔女王而去，并上了她的船；舰队向着南方行驶，战场的嘈杂声渐渐远离。安东尼一言不发，双手抱着脑袋。他感到羞愧而又懊恼，两人相对而坐，很长时间没有说一句话。

他们回到了埃及的亚历山大里亚城，但胜利者紧追不舍。士兵和水手都投奔了屋大维。安东尼看到自己败局已定，引剑自裁，倒地待毙。

女王逃至一个高大的塔楼，那里藏着她的财宝，金银琥珀、珍珠象牙、宝石香料。当时只有她和两个侍女。垂死的安东尼被抬到了城堡的门口，但克里奥帕托拉拒绝开门，她命令让安东尼躺在卧榻上，用绳索吊到窗口。女王和两个侍女一起，用尽全力拉绳子，终于把他拉了上来。

167　　当她俯下身时，安东尼喃喃道，如果自己注定要失败，他愿意输给一名罗马人。

　　　　　我活着，曾是世界上最伟大的君王，
　　　　　至为高贵，所以不容卑贱地死去。
　　　　　没有懦弱地解甲归田；只是作为罗马人
　　　　　被罗马人英勇征服。而今我魂魄将散，

> 我将不在。(莎士比亚)

安东尼就这样死了。他曾经貌似强大;并且他的确身材强壮。但他缺乏足够强大的意志,去走那条对于他自己和罗马而言最好的道路。

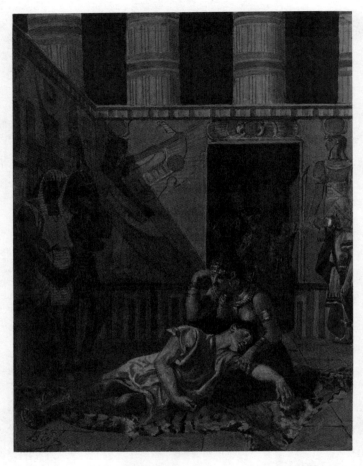

19世纪末,英国画家亚历山大·比达诠释的
莎士比亚悲剧《安东尼与克里奥帕托拉》

德目索引

尊敬老人
庞培, 111

性格
被救赎的, 55-56, 59-60
的力量(马略), 76
不稳定的(安东尼)153, etc.

良心
马略, 75-76
布鲁图斯, 134

勇气
穆蒂乌斯, 22-23
年轻的罗马人, 28
费边, 33-34
瓦罗的忍耐, 35-36
可悲的懦弱, 49-50
马塞卢斯一生中的, 56, etc.
走出失败, 55-56, 59-60

与对话, 79-80
面对国王, 86
与人数, 87
斯巴达克斯, 94
庞培在厄运中, 112-113
恺撒, 119-120
恺撒的骰子, 121
恺撒的命运, 124
旗手, 125
面对死亡(恺撒), 128
少年加图, 134-135
桑索斯人, 163-164

义务
与情感(布鲁图斯), 16-20
与情感(费边), 36-37
忘却的(安东尼), 158-160

自由
少年加图，134–135
桑索斯人，163–164
与专制，65
佩洛皮达斯，81
与礼物，86
迪昂的远征，94
亚拉图的一生，142，etc.

奴役
加图的奴隶，134–135
斯巴达克斯，94
加图的无情，140

友谊和忠诚
科里奥兰纳斯，40–41
老兵，114
卢西流斯，166

慷慨大度
吝啬（珀尔修斯），47–52
被纪念的（埃米利乌斯），53–54
汉尼拔，61–62
吝啬（克拉苏一生的），92，etc.

恺撒，114
安东尼，154
布鲁图斯的敌人，162–163

诚实与荣誉
罗马人对财产的尊重，13
苏拉的呼吁，81
为之牺牲，83–84
耻辱，85
恺撒的士兵，119
家族名，123
与物质奖励，138
在行为中，而非名字，147

勤奋
与谈话，63，124
参见"和平与战争"

正义
布鲁图斯，16–20
对被征服者的不义（布伦努斯），29
加图与共和国，137
西塞罗的准则，150

仁慈

对俘虏（费边），33-34

对穷困者（科里奥兰纳斯），40-41

民众的同情，54

对动物（普鲁塔克），47

普鲁塔克的女儿，68

对困穷者，73-74

残酷是兽性的，162-163

塞多留的白鹿，100，etc.

对病人（恺撒），119

参见"尊敬老人""慷慨大度""慈悲"

国王与统治者，个人品质与人生沉浮

埃米利乌斯，53-54

马略，75-76

慈悲

恺撒，127，149

谦逊

米努基乌斯，34-35

胜利时的谦卑（埃米利乌斯），54

虚荣（克拉苏），95-96

虚荣（庞培），109

虚荣（庞培的手下），111

母亲

的力量（瓦罗穆妮亚），43-47

尊重（塞多留），106

和平与战争

女人与和平，6-7

和平与产业，14

协和神庙，30

女人与和平，43-47

战争与科学，58-60

坚持

费边的生平，31，etc.

恺撒的生平，114，etc.

财富与贫穷

阿格里帕，38-39

加图，66

卢库勒斯，89-91

格拉古兄弟，141，etc.

自我节制，自我牺牲，etc.
罗慕路斯的愤怒，4
节制和力量，8
沉默的价值，12
罗马人的忍耐，16，etc.
自我牺牲（卡米卢斯），23-24
耐心（费边生命中），30，etc.
无名罗马人的自我牺牲，83-84
塞多留，103-104
自我牺牲（格拉古），141
与易于激动（盖乌斯），144
不节制（安东尼），154
奢华（克里奥帕托拉），156，etc.
自我牺牲（卢西流斯），166

生活的简朴
加图，62-63
马尼乌斯，62-63
马略，69-70
小加图，135-136

国家、政治、立法、爱国主义
政治问题（罗慕路斯），4，etc.
政治问题（努马），8，etc.
为国家自我牺牲（罗马人斯），16，etc.
为国家自我牺牲（卡米卢斯），23-24
社会阶级，25
忠实的元老，26-27
自我克制，爱国主义（米努基乌斯），37-38
对爱国者的感激（费边），37
爱国主义与情感，37-38
社会阶级，38-39
社会阶级（科里奥兰纳斯），41
女人与国家，44-45
科学支援爱国，57-59
公共财政，经济（加图），65
秩序与混乱（海盗），107-109
贵族与人民，109
政治问题（恺撒），114，etc.
为国家工作（恺撒），128

公共财政(加图), 136–137
爱国主义(加图), 138
社会阶级(格拉古), 141, etc.
世界公民, 153
社会阶级(布鲁图斯的生平), 161

诚实
坦诚(穆蒂乌斯), 22–23
被鄙视的狡诈(卡米卢斯), 24–25
战争中的欺骗(帕提亚人), 97
战争中的欺骗(塞多留), 100–101
阴谋(卡西乌斯), 130
加图, 137
被揭露的虚伪(安东尼), 157

智慧
为祖国服务的, 57–58

女人
萨宾女人与和平, 6–7
瓦罗穆妮亚, 44, etc.
爱国的(辛布里人), 71
格拉古兄弟的母亲, 147
参见"母亲"